房地产行业培训

◇房地产法律知识系列读本②◇

房产纠纷典型案例

肖海军　麦丽妍　张佩琪◎著

中国经济出版社
CHINA ECONOMIC PUBLISHING HOUSE
·北京·

图书在版编目（CIP）数据

房产纠纷典型案例 / 肖海军，麦丽妍，张佩琪著 .
—北京：中国经济出版社，2019.4
ISBN 978-7-5136-5288-9

Ⅰ . ①房… Ⅱ . ①肖… ②麦… ③张… Ⅲ . ①房屋纠纷—案例—中国
Ⅳ . ① D922.385

中国版本图书馆 CIP 数据核字（2018）第 167186 号

责任编辑　葛　晶
责任印制　马小宾
封面设计　任燕飞装帧设计工作室

出版发行　中国经济出版社
印 刷 者　北京科信印刷有限公司
经 销 者　各地新华书店
开　　本　710mm × 1000mm　1/16
印　　张　14.25
字　　数　136 千字
版　　次　2019 年 4 月第 1 版
印　　次　2019 年 4 月第 1 次
定　　价　48.00 元
广告经营许可证　京西工商广字第 8179 号

中国经济出版社　**网址** www. economyph. com　**社址** 北京市西城区百万庄北街 3 号　**邮编** 100037
本版图书如存在印装质量问题，请与本社发行中心联系调换（联系电话：010-68330607）

序 | PREFACE

从2017年1月出版《房地产中介常见法律问题有问必答》一书，至今已有两年时间，这本书在短短一年之内就加印了两次，销售量达到两万册，且获得专业人士和从业人员的广泛好评。因此，今年年初出版社找到我，希望我能兑现之前的承诺，推出“房地产法律知识系列读本”的第二本书。

近两年，我一直奔波于全国各地，为广大房地产从业人员讲授法律培训课程，一个月里有将近一半的时间是在外地讲课，或是奔走在讲课的途中，时间、精力又非常有限，写书真是力不从心。但之前向出版社做出的承诺还是要兑现的，而且很多房地产经纪人也都热切地希望我能再写几本房地产法律方面的图书。我深深地感受到大家对于专业知识的渴求，并认识到写书这件事情的意义之深远和重大，所以肩负着大家对我的信任和期待，我下定决心要把第二本书写出来。

虽然《房地产中介常见法律问题有问必答》一书广受好评，但它主要是针对房地产中介公司的，如果新书还是选择房地产中介公司作为写作对象，内容上势必会有重复，难免会给人以拼凑之感，也会大大降低读者对这本书的期望值以及整本书的含金量。

这些年，我一直带领团队在做房屋买卖合同纠纷的诉讼代理业务，不仅积累了丰富的房地产领域的诉讼经验，手头也有大量代理过或协助处理过的房产交易诉讼案例。同时，买房、卖房是老百姓人生的大事之一，房产交易过程中出现纠纷也是经常碰到的事情，绝大多数人都不知道如何处理这些纠纷，也不懂得如何维护自己的合法权益。由此，我想到要把房产交易过程中常见的、典型的问题和纠纷都整理出来，通过法律要点、案情介绍、争议焦点、法院判决、律师解析、关联法条六个板块，将每一个问题或是纠纷呈现出来，使读者能够感同身受，知晓法院的处理结果，对于自己遇到的类似情况，能够根据律师的建议选择最为恰当和合理的解决方式。

我在近十年代理过的一手房买卖、二手房买卖、房屋租赁以及房屋继承、赠与等数百个案例中逐一进行筛选，挑出典型的、争议较大的案例作为素材，同时也参考了全国多个地区的典型案例，力求使书中的内容能够辐射更广泛地区的读者。笔记本电脑和厚厚的案卷是我随身携带的物品，出差途中和课程间隙，我都在编写案例。每到一个城市讲课，我都会向学员们征求问题，把他们在居间房产交易过程中经常遇到的，且难以解决的问题进行分类整理，作为编写案例的重要参考资料。

历时九个月，书稿终于成形，也即将兑现我对出版社和广大读者的承诺。希望这本书能够在购房者遇到纠纷时，给他们提供解决问题的思路和做法，帮助他们最大限度地保护自己的权益；也希望能够给房地产经纪人在居间服务时提供一些专业的指导，帮助他们规范自己的行为。

在本书的编写过程中，团队律师麦丽妍、王萍萍、张佩琪、卢玉婷等也都付出了辛勤的劳动，在此表示衷心的感谢！

肖海军

2018 年 10 月 8 日

目　录 | CONTENTS

第一篇 | 一手房买卖纠纷典型案例

01

第二篇 | 二手房买卖纠纷典型案例

02

第四篇 | 婚姻、继承与赠与房产租售纠纷典型案例

04

第五篇 | 经济适用房、房改房、农村私有房屋买卖纠纷典型案例

05

第六篇 | 居间服务合同纠纷典型案例

06

第一篇

01

一手房买卖纠纷典型案例

典型案例 1

因买方不具备购房资格导致商品房买卖合同无法履行，买方是否要承担违约赔偿责任？

▶ 法律要点

买方在不具备购房资格的前提下与开发商签订《商品房买卖合同》，后因购房资格问题导致合同无法继续履行而解除合同，由于买方和开发商对合同履行均未尽到审慎的义务，双方对合同解除均负有责任，买卖双方均不需要承担违约赔偿责任。

▶ 案情介绍

2017 年 4 月 8 日，李某在广州市某房地产开发有限公司（开发商）销售人员的介绍下同意购买该公司新开盘的某楼盘 1502 室物业，并与开发商签订《认购书》，约定房屋价格为 210 万元，李某于当天支付了 10 万元的购房定金。后双方于 2017 年 5 月 1 日签订《商品房买卖合同》，对购房价格、付款方式、过户时间以及交房时间都进行了相应约定，同时合同还约定买方已知悉广州市房管部门关于商品房住宅限购政策的有关规定，买方在签订本合同前已确认符合本物业的购买条件，因买方原因不符合限购政策导致合同无法继续履行的，应由买方自行承担相应责任。

后由于李某是外地人，且在购房之前没有在当地连续缴纳 5 年社保，距离缴满 5 年社保尚有 6 个月，所以因不具备购房资格导致无法在合同约定的时间内办理过户，而开发商也不愿给予李某宽限期延迟过户，并发函解除与李某签订的《商品房买卖合同》，且没收李某已经支付的 10 万元购房定金。

李某认为在与开发商签订《认购书》时，自己已经明确告知销售人员，因自己社保尚不足 5 年，过户时间要延迟，而当时销售人员也承诺说可以帮他延迟过户，所以自己才签订的《认购书》以及《商品房买卖合同》，开发商是知道他没有购房资格的，在开发商知道他没有购房资格的情况下仍与自己签订合同，开发商对合同履行同样具有过错。另外，对于《商品房买卖合同》的内容自己也只是大致浏览并没有仔细阅读，且内容都是开发商自行拟定的格式文本，对他并不能完全适用。现在既然开发商不愿给予宽限期延迟过户并发函解除了合同，自己也不想再继续购买涉案房屋，但开发商理应将 10 万元购房定金退还给自己。

于是，李某遂向法院提起诉讼，要求某房地产开发公司立即返还 10 万元购房定金。

庭审中某房地产开发公司认为在双方签订的《商品房买卖合同》中自己已经明确告知买方李某广州市关于住房限购政策的有关规定且买方李某也保证自己有购买涉案物业的条件，现因李某自己不符合购房条件导致买卖合同无法按约进行，其已经构成违约，无权要求返还 10 万元购房定金。

▶ 争议焦点

1. 在买方不具备购房资格的情况下，开发商与其签署房屋买卖合同后，因买方不具备购房资格而无法继续履行房屋买卖合同，买方是否需要承担全部违约责任?

2. 开发商虽在合同中约定买方知悉限购政策，能否免除其审查买方购房资格的责任?

▶ 法院判决

法院经审理认为，买方和开发商对合同履行均未尽到审慎的义务，双方对合同解除均负有责任，因此，法院判决某房地产开发公司应返还 10 万元购房定金给买方李某。

▶ 律师解析

根据 2017 年 3 月 17 日发布的《广州市人民政府办公厅关于进一步完善我市房地产市场平稳健康发展政策的通知》可知，非本市户籍居民家庭能提供购房之日前 5 年在本市连续缴纳个人所得税缴纳证明或社会保险缴纳证明的，才能购房。自该政策发布到本案中双方签订合同，已有一段时间，不管对于买方李某还是某房地产开发公司都应知悉或是推定知悉政策相应内容。而对于购房资格的审查义务不仅仅是买方一方的责任，某房地产开发公司作为出售方更应清楚知悉自己售房的对象是否具有购房资格，审查购房者的购买条件，以便进一步落实政府关于购房政策的规定。

虽然双方在《商品房买卖合同》中有关于购房资格由买方自

行保证并承担相应责任的约定，但这并不能排除某房地产开发公司作为出售方应尽的审查义务，所以某房地产开发公司在合同履行中同样存在过错。故由于双方当事人均未尽到审慎的义务，在买方李某不具备购房资格的前提下，双方仍然签订《商品房买卖合同》，后又因购房资格问题导致合同无法继续履行，买卖双方均负有责任，所以某房地产开发公司无权没收李某的10万元购房定金。由于合同无法继续履行，现双方均同意解除，按照《中华人民共和国合同法》（下称《合同法》）第九十七条的规定，某房地产开发公司应退还买方李某支付的10万元购房定金。

▶ 关联法条

1.《广州市人民政府办公厅关于进一步完善我市房地产市场平稳健康发展政策的通知》（2017年3月17日发布）

一、进一步完善住房限购政策

本市户籍居民家庭继续执行限购2套住房（含新建商品住房和二手住房，下同）的政策；本市户籍成年单身（含离异）人士在本市限购1套住房。非本市户籍居民家庭能提供购房之日前5年在本市连续缴纳个人所得税缴纳证明或社会保险缴纳证明的，在本市限购1套住房，非本市户籍居民家庭不得通过补缴个人所得税缴纳证明或社会保险缴纳证明购买住房。

2.《合同法》

第九十三条 当事人协商一致，可以解除合同。

当事人可以约定一方解除合同的条件。解除合同的条件成就时，解除权人可以解除合同。

第九十七条 合同解除后，尚未履行的，终止履行；已经履行的，根据履行情况和合同性质，当事人可以要求恢复原状、采取其他补救措施，并有权要求赔偿损失。

第一百一十五条 当事人可以依照《中华人民共和国担保法》约定一方向对方给付定金作为债权的担保。债务人履行债务后，定金应当抵作价款或者收回。给付定金的一方不履行约定的债务的，无权要求返还定金；收受定金的一方不履行约定的债务的，应当双倍返还定金。

典型案例 2

买方与开发商签订认购书并交付购房定金后，开发商拒绝出售房屋，买方要求开发商赔偿房屋上涨的差价能否得到支持？

▶ 法律要点

买方与开发商签订预售商品房的认购书并交付购房定金后，开发商拒绝出售房屋并拒绝与买方签署《商品房买卖合同》的，构成违约，买方有权要求其承担相应的违约责任，而房屋上涨的差价属于买方信赖利益的损失，开发商应予以赔偿。

▶ 案情介绍

2016 年 5 月 27 日，买方王某与某房地产开发公司签订商品房《认购书》，该认购书约定：买方王某经考察，意向购置某房地产开发公司开发建设的商品房二期工程中的一套房屋，面积选定约为 100 平方米的三室两厅一卫房屋；认购房价为房屋建筑面积均价 12000 元 / 平方米；认购定金 10 万元，签订本认购书时支付；买方王某应在接到某房地产开发公司签约通知后 3 日内携带本认购书及身份证到某房地产开发公司指定的地点签署《商品房买卖合同》，并交付购房款，签订《商品房买卖合同》的时间最晚不迟于 2016 年 12 月 30 日，如买方王某在开发商通知的时间内没有签署《商品房买卖合同》的，开发商有权解除本认购书并将房屋另行出售给第三人；买卖双方在未签署《商品房买卖合同》之前，以本认购书为准。如果签署本认购书后，买方拒绝继续购买该房屋的，开发商有权没收买方已经支付的购房定金；如开发商拒绝出售该房屋给买方的，开发商需返还买方已经交付的购房定金并赔偿等同于定金数额的违约金给买方。

签订《认购书》后，买方依约向开发商支付了 10 万元购房定金，并在开发商通知选房的时间选定 6 栋 1501 室的一套房屋，但直到合同约定的最后签约时间（2016 年 12 月 30 日），开发商仍没有通知王某签署《商品房买卖合同》，王某多次与开发商协商签约事宜，开发商都无故推托，并欲与王某协商解约事宜，且打算赔偿王某等同于已支付的定金数额。但王某认为，由于涉案房屋的均价已经上涨到 20000 元 / 平方米，开发商欲解除合同赔偿自己等同于定金数额的违约金已经不能弥补自己的损失，遂要求开发商赔偿其房屋差价损失，但开发商并不同意。

后双方协商不成，买方王某提起诉讼，请求解除与开发商于2016年5月27日签订的《认购书》并要求开发商赔偿其房屋差价损失80万元。开发商认为其与买方王某只是签署了作为预约合同的《认购书》，并没有签署《商品房买卖合同》，双方并没有建立房屋买卖关系，买方王某要求其承担房屋差价的损失没有法律依据；另在《认购书》中双方已就各自的违约责任做出了明确约定，即如果开发商拒绝出售房屋的，开发商返还买方支付的定金并赔偿等同于定金数额的违约金给买方，买方王某要求赔偿房屋差价的主张也没有合同依据。

▶ 争议焦点

1. 在与买方签署认购书后，开发商拒绝出售房屋的行为是否构成违约?

2. 如构成违约，买方王某要求其赔偿房屋差价的主张能否得到支持?

▶ 法院判决

经审理，法院认为，某房地产开发公司的行为构成违约，应依法承担相应违约责任，因此，法院判决解除买方王某与某房地产开发公司签署的《认购书》，某房地产开发公司向王某赔偿房屋差价损失50万元。

▶ 律师解析

买方王某与开发商签订的《认购书》是双方的真实意思表示，且内容不违反法律、法规的强制性规定，该认购书合法有效，按照《合同法》第八条及第六十条的规定，双方当事人应当按照认购书的约定全面适当履行各自的义务，不得擅自变更或者解除合同。开发商未按认购书的约定通知买方王某签订商品房买卖合同，构成违约。

另，虽然买方王某与开发商签订的《认购书》属于预约合同的性质，但预约合同也是独立的合同，若违反预约合同，按照《最高人民法院关于审理买卖合同纠纷案件适用法律问题的解释》第二条的规定，也应当承担相应的违约责任。具体到本案，买方王某信赖其与开发商可以订立商品房买卖合同，但开发商并未与其签订，从而丧失了按照《认购书》约定的房屋价格与他人另订购房合同的机会，所以房屋上涨差价部分是买方王某的一个信赖利益损失，按照《合同法》第一百一十三条的规定，其有权要求开发商进行赔偿。

结合案件实际情况，综合王某的履约情况、开发商的过错情况、合理的成本支出等因素，法院对房屋的差价损失酌情调整为50万元。

而至于开发商主张双方已就违约责任在《认购书》中做出了明确约定，应按照该约定处理。但该合同约定的违约金计算标准过低，不足以弥补买方王某的实际损失以及信赖利益损失，根据《合同法》第一百一十三条的规定，法院可依法进行相应调整。

▶ 关联法条

1.《合同法》

第八条 依法成立的合同，对当事人具有法律约束力。当事人应当按照约定履行自己的义务，不得擅自变更或者解除合同。

依法成立的合同，受法律保护。

第六十条 当事人应当按照约定全面履行自己的义务。

当事人应当遵循诚实信用原则，根据合同的性质、目的和交易习惯履行通知、协助、保密等义务。

第一百一十三条 当事人一方不履行合同义务或者履行合同义务不符合约定，给对方造成损失的，损失赔偿额应当相当于因违约所造成的损失，包括合同履行后可以获得的利益，但不得超过违反合同一方订立合同时预见到或者应当预见到的因违反合同可能造成的损失。

2.《最高人民法院关于审理买卖合同纠纷案件适用法律问题的解释》

第二条 当事人签订认购书、订购书、预订书、意向书、备忘录等预约合同，约定在将来一定期限内订立买卖合同，一方不履行订立买卖合同的义务，对方请求其承担预约合同违约责任或者要求解除预约合同并主张损害赔偿的，人民法院应予支持。

典型案例 3

商品房存在质量缺陷，买方要求解除买卖合同并要求开发商承担违约责任能否得到支持？

▶ 法律要点

因商品房存在质量缺陷导致买方想解除买卖合同，如房屋质量问题没有严重影响到买方的正常居住使用以及安全使用，且可以通过维修的手段使房屋达到安全使用的标准，买方要求解除买卖合同并要求开发商承担违约责任的请求很难得到法院支持。

▶ 案情介绍

2016年4月25日，买方王某华与某商品房开发商（下称开发商）签订《商品房买卖合同》，约定王某华以总价款180万元的价格购买开发商开发的一处房产，同时约定在商品房保修范围和保修期限内发生质量问题，开发商应当履行保修义务。

合同签订后，买方王某华全额支付了购房款，后房屋也过户至买方名下且开发商也将房屋交付给王某华使用。2017年8月，买方王某华发现房屋存在严重质量问题并向开发商反映，开发商检查后确认该房屋确实存在一些瑕疵，因此同意无偿帮王某华的房屋进行修复，但王某华认为，房屋即便被修复，但还是会有心理影响，因此要求开发商为其调换房屋并赔偿其损失。

双方就相关解决方案经过多次谈判协商并未达成一致意见，后买方王某华以房屋主体存在严重质量问题为由，向法院提起诉讼要求解除与开发商签订的《商品房买卖合同》，开发商返还其购房款 180 万元，并赔偿其利息损失、已付的维修基金费用、过户办证费用、房产抵押手续费用以及其因房屋增值形成的损失。

庭审中开发商辩称不同意解除涉案房屋的买卖合同，涉案房屋已经交付给买方王某华，且已办理了产权过户手续，房屋买卖合同已履行完毕，故房屋买卖合同不应解除；房屋交付后出现质量问题属于工程保修范围，并非房屋主体工程或基础工程有重大缺陷等问题，故质量瑕疵问题不能成为解除买卖合同的理由。

案件审理中为查明事实，法院委托某司法鉴定中心对涉案房屋质量问题进行鉴定。经司法鉴定中心鉴定，该房屋楼面板部分存在承载力不足的情况，可采取相应措施进行补救，并不会危及房屋的安全，房屋主体结构未发现质量缺陷。

▶ 争议焦点

1. 商品房存在质量问题是否会影响房屋安全以及正常使用？
2. 买方王某华是否有权解除合同？

▶ 法院判决

法院经审理认为，案涉商品房虽存在质量问题，但尚不足以解除合同，可通过修护、加固等方式恢复其安全性。因此，法院判决对买方王某华要求解除《商品房买卖合同》、返还购房款及赔偿其利息损失、已付的维修基金费用、过户办证费用、房产抵押手续费用、因房屋增值形成损失的诉讼请求，不予支持。

▶ 律师解析

买方王某华与开发商签订的《商品房买卖合同》系双方真实意思表示，合法有效，合同当事人应当按照合同的约定全面履行各自的义务。

根据《最高人民法院关于审理商品房买卖合同纠纷案件适用法律若干问题的解释》第十三条的规定，因房屋质量问题严重影响正常居住使用，买受人请求解除合同和赔偿损失的，应予支持。交付使用的房屋存在质量问题，在保修期内，出卖人应当承担修复责任。本案中买方王某华按约履行了支付房款的义务，开发商亦应将符合合同约定质量标准的房屋交付给买方王某华使用。但根据上述规定，在房屋出现质量问题的情况下，买受人要求解除买卖合同的请求并不必然会得到支持。买受人解除合同及获得赔偿的前提是，房屋存在质量问题并且严重到足以影响买受人的正常居住使用。具体到本案中，案涉房屋虽部分存在楼面板承载力不满足相关国家、行业标准的问题，但房屋的主体结构并不存在质量瑕疵问题，且对承载力不足的楼面板也可通过加固后恢复其安全性来保证涉案房屋的正常居住使用。另根据《合同法》的相关规定，从维护交易稳定的角度考虑，在涉案房屋能通过维修达到正常、安全居住目的的情况下，应尽量维持交易状态，故法院对买方解除合同的请求不予支持，并无不当。

故分析此案可得知，并不是只要房屋存在质量问题买方就有权解除买卖合同并要求退还房屋给开发商。从维护交易稳定的方面考虑，如果房屋质量问题没有严重影响到买方的正常居住使用以及安全使用，且可以通过维修的手段使房屋达到安全正常使用的标准，房屋买卖合同的目的能够实现，买方要求解除买卖合同的请求并不能得到法院的支持。但因房屋质量问题，开发商维修期间给买方造成的其他损失，如装修损失、换房期间产生的租赁损失、误工费等买方可以要求开发商进行赔偿。如果开发商拒绝维修的，买方可以委托他人进行维修并就维修费用及相关损失向开发商进行追偿。

▶ 关联法条

1.《最高人民法院关于审理商品房买卖合同纠纷案件适用法律若干问题的解释》

第十三条 因房屋质量问题严重影响正常居住使用，买受人请求解除合同和赔偿损失的，应予支持。

交付使用的房屋存在质量问题，在保修期内，出卖人应当承担修复责任；出卖人拒绝修复或者在合理期限内拖延修复的，买受人可以自行或者委托他人修复。修复费用及修复期间造成的其他损失由出卖人承担。

2.《合同法》

第九十四条 有下列情形之一的，当事人可以解除合同：

（一）因不可抗力致使不能实现合同目的；

（二）在履行期限届满之前，当事人一方明确表示或者以自己的行为表明不履行主要债务；

（三）当事人一方迟延履行主要债务，经催告后在合理期限内仍未履行；

（四）当事人一方迟延履行债务或者有其他违约行为致使不能实现合同目的；

（五）法律规定的其他情形。

第九十七条 合同解除后，尚未履行的，终止履行；已经履行的，根据履行情况和合同性质，当事人可以要求恢复原状、采取其他补救措施，并有权要求赔偿损失。

第一百一十一条 质量不符合约定的，应当按照当事人的约定承担违约责任。对违约责任没有约定或者约定不明确，依照本法第六十一条的规定仍不能确定的，受损害方根据标的的性质以及损失的大小，可以合理选择要求对方承担修理、更换、重作、退货、减少价款或者报酬等违约责任。

典型案例 4

怎样认定开发商延迟交房以及适用开发商延迟交房的违约责任？

▶ 法律要点

开发商如果没有按照法律规定或是合同约定的交房时间以及交房条件将房屋交付给买受人，买受人有权拒绝收房，并要求开发商承担相应违约责任。经买受人催告后，在合理期限内开发商仍未交付房屋的，买受人有权解除合同。

▶ 案情介绍

2017 年 8 月 17 日，朱某与广州市某房地产开发公司（开发商）签订《广州市商品房买卖合同（预售）》，约定朱某向该开发商购买其开发楼盘的一套商品房，总房价为 240 万元。交房条件为：该商品房项目工程竣工验收合格；满足永久供水、供气、供电等必要居住条件。该开发商应当在 2018 年 4 月 15 日前将购买房屋交付朱某使用，如未能按本合同规定的期限交房的，应自合同约定的交房日期的次日起至实际交付之日止，每日按总房价款 0.05％的标准向朱某支付违约金，本合同继续履行。

后该开发商于 2018 年 4 月 15 日前通知朱某收房，但朱某认为所购房屋不具备永久用电条件，只具备临时用电条件，并不符合双方约定的交房条件，也不能满足基本居住要求及生活条件，朱某遂拒绝收房，并向法院起诉该开发商，要求其按照合同约定支付相应违约金。

该开发商认为其已经于 2018 年 4 月 15 日前通知朱某收房，其不存在逾期交房的情形，朱某拒绝收房没有任何依据。按照约定，涉案房屋只有存在主体结构的问题及严重影响正常居住使用的质量问题的情形下，朱某才有权拒绝收房，合同中并没有约定将具备永久用电的条件作为朱某可以拒绝收房的依据。另涉案房屋已具备用电条件，朱某可以正常使用房屋，并没有因此影响其生活。即使最后认定涉案房屋存在延迟交房的情形，买卖合同约定的延迟交房违约金计算标准也明显过高，远远高于朱某的实际损失，不能作为计算违约金的标准，应以租金标准（即实际损失）作为计算违约金的标准。

▶ 争议焦点

1. 该开发商是否存在延迟交房的情形?

2. 如果存在，朱某要求该开发商承担的违约金是否存在过高情形?

▶ 法院判决

法院经审理后认为，该开发商未能按照合同约定的期限，将具备永久用电条件的房屋交付给朱某使用，存在延迟交房情形，已构成违约，因此判决该开发商按合同约定的标准，即应自合同约定的交房日期的次日起至实际交付之日止每日按总房价款 0.05% 的标准向朱某支付延迟交房违约金。

▶ 律师解析

关于该开发商是否存在延迟交房的问题。在本案中涉案楼盘虽然可以临时用电，但尚未具备永久用电的条件，临时用电不能用作居民的日常生活用电，不能满足买受人基本居住要求，与双方签订的《广州市商品房买卖合同（预售）》中约定的房屋交付条件也不一致，该开发商应承担相应的违约责任。

而关于延迟交房违约金的标准问题。一方面，双方在合同中约定该开发商如未能按合同规定的期限交房，应自合同约定的交房日期的次日起至实际交付之日止每日按总房价款 0.05% 的标准支付违约金，合同继续履行，该约定是双方真实的意思表示，而且，该

《广州市商品房买卖合同（预售）》为该开发商提供的固定合同版本，其应清楚应承担的违约责任。另一方面，该开发商未能提供充分证据证明合同约定的违约金标准过高，其主张违约金过高缺乏依据。

此外，实践中关于商品房买卖中开发商延迟交房的认定以及开发商存在延迟交房的情形买受人可主张的救济权利，在这里也向大家作出进一步的说明。

1. 怎样认定开发商存在延迟交房情形?

认定开发商存在延迟交房情形，首先要弄清“交房”的概念，实践中，由于对交房认定的理解不一，买卖双方对此会有不一样的认识。出卖人认为房屋的交付使用就是买受人直接占有使用房屋，而买受人则认为，房屋的交付使用不仅仅是交付房屋的占有，而且还包括交付房屋所有权证书。对此，《最高人民法院关于审理商品房买卖合同纠纷案件适用法律若干问题的解释》第十一条规定“对房屋的转移占有，视为房屋的交付使用，但当事人另有约定的除外”。所以在买卖双方没有明确约定房屋交付条件的情形下，开发商将房屋交付给买受人使用，即视为房屋的交付。

但并不是开发商将房屋交付给买受人，就认定开发商完成了交付义务，开发商交付房屋必须达到法定的以及约定的交付使用条件，否则买受人有权拒绝收房并要求开发商承担相应的违约责任。一般来说，新建商品房需具备完整使用功能才能进行交付，这需要满足几个要件：房屋已经完工，包括主体结构已封顶、完工，房屋的外装修已完成；房屋的基本配套设施，如水、电、暖气、电梯等已经可以使用。出卖人就出售房屋已取得政府有关部门的竣工验收手续，并能在交付时向买受人提供《住宅质量保证书》以及《住宅使用说明书》等，如果买卖合同中有约定其他的交付条件，则还需要按照合同约定的交付条件交付房屋。但上述交付认定也存在例外情形，如因不可抗力因素开发商未按时交付房屋，根据《合同法》第一百一十七条“因不可抗力不能履行合同的，根据不可抗力的影响，部分或者全部免除责任，但法律另有规定的除外。当事人延期履行后发生不可抗力的，不能免除责任”的规定，因不可抗力的出现对房屋的正常交付产生重大影响，造成出卖人可能延期交房的，出卖人可因此部分或全部免除责任。但是，出卖人应在合理时间内对买受人及时履行通知义务，否则构成延期交房。另外，如因重大规划、设计变更对按时交付产生影响的，开发商也可延迟交楼。比如在房屋建设过程中遇到政府主动提起的规划变更或者是房屋在施工过程中遭遇重大技术难题必须对设计进行变更的，此类情况如果完全按照买卖合同的约定由开发商承担违约责任，显然有失公平。

弄清交房概念后，买受人可对此情形按照双方约定的交房时间以及交房条件对开发商逾期交房进行相应维权。

2. 开发商存在延迟交房的情形买受人可主张的救济方式。

开发商延期交房构成违约，应承担相应的违约责任。如果买卖合同中有约定相应的违约责任，买受人可按照约定进行主张，当然如果约定的违约金不足以弥补自己的损失或是开发商认为违约金高于买受人实际造成的损失，依照法律规定可要求法院进行调整，但不管是调高还是调低，都应有相应的证据予以证实。如果买卖合同中未约定延期交房违约责任的，根据《最高人民法院关于审理商品房买卖合同纠纷案件适用法律若干问题的解释》第十七条的规定，逾期交付使用房屋的，按照逾期交付使用房屋期间有关主管部门公布或者有资格的房地产评估机构评定的同地段同类房屋租金标准确定。对此，买受人可以依法要求开发商按房屋租金标准赔偿损失，如果不被接受，可以向人民法院起诉要求其赔偿损失。

另外，如果开发商逾期交房达到一定期限，买卖双方对此没有做出特殊约定的，按照《最高人民法院关于审理商品房买卖合同纠纷案件适用法律若干问题的解释》第十五条的规定，如果开发商经买受人催告后在3个月的合理期限内仍未履行交房义务的，买受人有权解除合同。

▶ 关联法条

1.《供电营业规则》

第十二条　对基建工地、农田水利、市政建设等非永久性用电，可供给临时电源。临时用电期限除经供电企业准许外，一般不得超过六个月，逾期不办理延期或永久性正式用电手续的，供电企业应终止供电。

使用临时电源的用户不得向外转供电，也不得转让给其他用户，供电企业也不受理其变更用电事宜。如需改为正式用电，应按新装用电办理。

2.《最高人民法院关于审理商品房买卖合同纠纷案件适用法律若干问题的解释》

第十五条　根据《合同法》第九十四条的规定，出卖人迟延交付房屋或者买受人迟延支付购房款，经催告后在三个月的合理期限内仍未履行，当事人一方请求解除合同的，应予支持，但当事人另有约定的除外。

法律没有规定或者当事人没有约定，经对方当事人催告后，解除权行使的合理期限为三个月。对方当事人没有催告的，解除权应当在解除权发生之日起一年内行使；逾期不行使的，解除权消灭。

第十七条 商品房买卖合同没有约定违约金数额或者损失赔偿额计算方法，违约金数额或者损失赔偿额可以参照以下标准确定：

逾期付款的，按照未付购房款总额，参照中国人民银行规定的金融机构计收逾期贷款利息的标准计算。

逾期交付使用房屋的，按照逾期交付使用房屋期间有关主管部门公布或者有资格的房地产评估机构评定的同地段同类房屋租金标准确定。

3.《合同法》

第一百一十四条 当事人可以约定一方违约时应当根据违约情况向对方支付一定数额的违约金，也可以约定因违约产生的损失赔偿额的计算方法。

约定的违约金低于造成的损失的，当事人可以请求人民法院或者仲裁机构予以增加；约定的违约金过分高于造成的损失的，当事人可以请求人民法院或者仲裁机构予以适当减少。

当事人就迟延履行约定违约金的，违约方支付违约金后，还应当履行债务。

典型案例 5

开发商与代理商签订房屋包销协议且房屋销售代理事项已经完成，后开发商又以包销协议显失公平为由要求撤销包销协议，是否构成违约？

▶ 法律要点

开发商与代理商发生的商品房包销行为是一种合法合理的正常市场合作行为，一经签订，对双方均产生法律效力，双方均应切实遵守履行，事后开发商以代理费过高、包销合同显失公平为由撤销合同的理由不成立。

▶ 案情介绍

2017 年 3 月 9 日，清远市某实房地产开发有限公司（下称开发商）与广州市某居房地产代理有限公司（下称代理公司）签订《某江花园三期 2 号楼项目包销代理合同》（下称《包销代理合同》），约定由开发商委托代理公司以独家销售代理商的身份为某江花园三期 2 号楼项目（下称包销项目）提供营销策划及独家代理等方面服务事宜，合作期限为自项目开盘之日起 95 天；销售代理范围为代理公司以独家代理销售商的身份建立本项目销售体，并进行本项目的全面销售工作；销售底价为 3450 元 / 平方米，高出部分作为酬金都归属代理公司所有，开发商在收到首期款后 10 个工作日内把已售房源的溢价款一次性转给代理公司；溢价款 = 销售合同实际销售价格 -

销售底价；代理费结算依据：银行按揭付款客户，客户与开发商签订《商品房买卖合同》，客户缴交首期房款；一次性付款客户，客户与开发商签订《商品房买卖合同》并缴交首期房款 30% 以上的购房款；开发商逾期支付溢价款，需每月按 0.3% 支付滞纳金。为了保证在包销期限内代理公司能完成包销任务，代理公司向开发商支付 50 万元保证金，若到期未能完成包销任务，该 50 万元抵作包销底价款；等等。

2017 年 7 月 1 日，开发商与代理公司签订《某江花园销售代理服务费结算单》，确认代理公司已完成包销任务，经结算，开发商欠代理公司代理服务费 4895052 元。

签订上述结算单后，开发商一直拖欠上述代理服务费，经多次协商未果，代理公司遂向法院提起诉讼，要求开发商支付上述代理服务费 4895052 元，并要求开发商按年息 24% 的标准支付滞纳金。

开发商辩称，《包销代理合同》所约定的销售代理费远远超出了市场同类服务标准，合同双方权利义务及经济利益极度不对等、不平衡，该合同实质为显失公平合同，应依法予以撤销或变更。代理公司根据合同可获得的利益，即溢价款达到销售总价的 20%~40%，显然超出了市场上同类服务的报酬标准，其获得的利益与所承担的风险显然是不对等的，开发商认为，其所应付的包销代理费应不超过销售总价的 10%。

▶ 争议焦点

1. 开发商与代理公司之间签署的《包销代理合同》是否合法有效?

2.《包销代理合同》是否为显失公平的合同？能否撤销或变更？

▶ 法院判决

一审法院经审理认为，诚信，是社会主义核心价值观之一，《包销代理合同》未违反法律法规的规定，合法有效。因此，一审法院判决开发商应向代理公司支付销售代理服务费 4895052 元及相应违约金。

▶ 律师解析

首先，来了解下商品房包销的含义。商品房包销是指开发商与包销人之间构成的一种特殊的承包代理商品房的行为，是包销人以开发商的名义在约定的包销期限内对外承包代理开发商的一定数量的商品房，并按约定支付包销价款，获取代理差价利益的行为，但如果包销期限届满约定出售的房屋，包销人未按约出售出去的，则由包销人承购未售完的商品房。所以，商品房包销不管是对于开发商还是包销人，都是既享有权利又承担义务（风险），且权利义务对等，这种包销行为是一种合法合理的正常市场合作行为，一经签订，对双方均产生法律效力。

其次，来看《包销代理合同》的效力。本案中，开发商与代理公司签订的《包销代理合同》是双方的真实意思表示，且合同内容未违反我国法律、法规的禁止性规定，有效成立。

最后，《包销代理合同》中关于包销代理费（溢价款）是否违反国家规定或显失公平的问题。如前所述，包销代理不违反法律法规的强制性规定，是合法有效的，《最高人民法院关于审理商品房买卖合同纠纷案件适用法律若干问题的解释》第二十条也确定了包销合同的法律效力。关于显失公平的问题，为了保证在包销期限内完成包销任务，代理公司向开发商支付了50万元的保证金，若代理期限内未能完成包销任务，该50万元用于抵作包销底价款，同时，代理公司还需按包销底价款购买未售出的房子，所以，代理公司在享受包销价差的同时，也承受着房屋价格下跌或未能按期销售而需承购未售房屋的巨大风险，其享有权益的同时也承担风险，这是一种公平的市场行为，并未显失公平。

诚信，是商品交易的基本法则，也是社会主义核心价值观之一，房地产开发商因为房屋价格上涨或代理商通过适当的营销策略和手段使得商品房销售价格高于包销底价而反悔，这有违商业诚信和社会诚信原则，不值得提倡。

▶ 关联法条

1.《合同法》

第六十条 当事人应当按照约定全面履行自己的义务。

当事人应当遵循诚实信用原则，根据合同的性质、目的和交易习惯履行通知、协助、保密等义务。

第一百零七条 当事人一方不履行合同义务或者履行合同义务不符合约定的，应当承担继续履行、采取补救措施或者赔偿损失等违约责任。

第一百零九条 当事人一方未支付价款或者报酬的，对方可以要求其支付价款或者报酬。

2.《最高人民法院关于审理商品房买卖合同纠纷案件适用法律若干问题的解释》

第二十条 出卖人与包销人订立商品房包销合同，约定出卖人将其开发建设的房屋交由包销人以出卖人的名义代理的，包销期满未代理的房屋，由包销人按照合同约定的包销价格购买，但当事人另有约定的除外。

典型案例 6

卖方将未出不动产权证（房产证）的预售商品房再转让给买方，该买卖行为是否有法律效力？

▶ 法律要点

卖方持有与开发商签订的《商品房销售（预售）合同》但尚未办理权属证书，就将房屋出售给买方，卖方虽未取得房屋的权属证书，但其与买方签订的《房屋买卖合同》仍然有效。

▶ 案情介绍

2009 年 3 月 22 日，张某手持与开发商保利地产公司签订的《商品房销售（预售）合同》在中介公司的居间下，与买方肖某签订了《房屋买卖合同》及《补充协议》。合同约定，张某将其向开发商购买的保利地产公司开发的林海山庄一套商品房以 82 万元的价格售予肖某，肖某知悉交易房屋尚未办理房屋产权权属登记，仍同意签订房屋买卖合同。同时，《补充协议》约定，定金 5 万元，签订房屋买卖合同当天肖某即需付定金 3 万元，定金余款 2 万元于 2009 年 5 月 18 日前支付；买卖双方须于房产证办出后十五天内到房地产交易中心办理交易过户手续，逾期办理视为违约。

上述合同及补充协议签订后，肖某按约分两次向张某支付了定金 5 万元。

2011 年 2 月 1 日，张某与肖某再次签订《补充协议 2》，约定，本补充协议签订当天，肖某再向张某支付定金 15 万元，张某收款后交房给肖某并协助肖某办妥住户卡等收房手续。同日，肖某向张某支付定金 15 万元，张某将房屋交付给肖某装修入住。

2011 年 12 月 3 日，开发商保利地产公司通知张某提交《商品房销售（预售）合同》等资料以便办理《房地产权证》。但此时，由于相对 2009 年 3 月出售之日房价已上涨了近 60%，张某已萌生了悔意，不愿意再出售给肖某，于是，张某便拖着不向开发商提交办理《房地产权证》的相关资料。

2012 年 1 月 4 日，张某向法院提起诉讼，请求确认其与肖某签订的《房屋买卖合同》《补充协议》及《补充协议 2》无效。

▶ 争议焦点

签订《房屋买卖合同》《补充协议》及《补充协议 2》时，张某均未取得涉案房屋的《房地产权证》，那么，双方签订的《房屋买卖合同》《补充协议》及《补充协议 2》是否有效?

▶ 法院判决

经审理，法院认定张某与肖某签订的《房屋买卖合同》《补充协议》及《补充协议2》合法有效，判决驳回张某请求确认《房屋买卖合同》《补充协议》及《补充协议2》无效的诉讼请求。

▶ 律师解析

虽然根据《中华人民共和国城市房地产管理法》（以下称《城市房地产管理法》）第三十八条第六款的规定，未依法登记领取权属证书的房地产不得转让，但这并不意味着只要未领取权属证书的房地产转让行为就一律无效。

要判断合同是否无效，首要是看该合同是否违反了《合同法》第五十二条的规定，该条规定为“效力性强制性规定”。而《城市房地产管理法》第三十八条第六款的规定属于房地产管理机构在规范房地产交易过程中的管理性规定，属于行政管理行为，而非禁止性、效力性的规定。这一规定并不属于《合同法》第五十二条的规定“效力性强制性规定”之列，并不能导致合同的无效，其起到的作用为限制产权人与买受人在房地产管理机构进行过户交易，而并非不能签署转让合同，因此，该转让合同并不违反法律强制性规定。

而且，本案中，张某与开发商签订了《商品房销售（预售）合同》且已经进行了销售（预售）备案登记，张某已经对涉案房屋有“可期待”的权益，在张某取得权属证书以后，是完全可以继续完成相关过户交易手续的。

因此，张某虽未取得涉案房屋的《房地产权证》，但其与肖某签订的《房屋买卖合同》《补充协议》及《补充协议 2》都是合法有效的。

▶ 关联法条

1.《城市房地产管理法》

第三十八条　下列房地产，不得转让：

（一）以出让方式取得土地使用权的，不符合本法第三十九条规定的条件的；

（二）司法机关和行政机关依法裁定、决定查封或者以其他形式限制房地产权利的；

（三）依法收回土地使用权的；

（四）共有房地产，未经其他共有人书面同意的；

（五）权属有争议的；

（六）未依法登记领取权属证书的；

（七）法律、行政法规规定禁止转让的其他情形。

2.《合同法》

第五十二条　有下列情形之一的，合同无效：

（一）一方以欺诈、胁迫的手段订立合同，损害国家利益；

（二）恶意串通，损害国家、集体或者第三人利益；

（三）以合法形式掩盖非法目的；

（四）损害社会公共利益；

（五）违反法律、行政法规的强制性规定。

3.《最高人民法院关于适用〈中华人民共和国合同法〉若干问题的解释（二）》

第十四条 合同法第五十二条第（五）项规定的“强制性规定”，是指效力性强制性规定。

4.《最高人民法院关于审理买卖合同纠纷案件适用法律问题的解释》

第三条 当事人一方以出卖人在缔约时对标的物没有所有权或者处分权为由主张合同无效的，人民法院不予支持。

出卖人因未取得所有权或者处分权致使标的物所有权不能转移，买受人要求出卖人承担违约责任或者要求解除合同并主张损害赔偿的，人民法院应予支持。

第二篇

02

二手房买卖纠纷典型案例

典型案例 7

名为房屋买卖实为民间借款的房屋买卖行为是否有法律效力？

▶ 法律要点

债权人与债务人（业主）签订借款合同的同时要求债务人签订《房屋买卖合同》，在债务人（业主）未能按时还款时，债权人要求债务人（业主）按房屋买卖合同约定或持公证委托书将房屋过户给债权人，此种情况下，由于双方之间并不存在真实的房屋买卖关系，双方签订《房屋买卖合同》不合法。

▶ 案情介绍

2013 年 2 月 13 日，债务人陈某因资金紧张向债权人黄某借款人民币 80 万元，债权人黄某要求债务人陈某将其名下的一套两居室的房屋押给自己。为了确保债权的实现，黄某还要求陈某在签署《借款合同》《借据》的同时签署《房屋买卖合同》《楼款收据》等资料。

为了获得借款，陈某只能按黄某的要求签署了上述全部资料，其中,《房屋买卖合同》中约定的房屋价格为 88 万元（实为借款本金及利息），《楼款收据》上载明的金额亦为 88 万元。

三个月后，借款到期，陈某无法按期偿还黄某的借款本息。黄某提出，以陈某押的房屋抵债给黄某，并要求陈某按《房屋买卖合同》的约定办理递件过户手续。但该房屋市场价高达 120 余万元，陈某当然不愿意，双方闹僵。

2013 年 6 月 28 日，陈某收到法院的传票。原来，黄某以《房屋买卖合同》《楼款收据》为据将陈某告到法院，要求陈某履行房屋买卖合同约定，将房屋过户给自己。

▶ 争议焦点

为保障债权的实现而签订的《房屋买卖合同》《楼款收据》是否有效？陈某与黄某之间是否存在真实的房屋买卖关系？

▶ 法院判决

法院经审理认为，陈某与黄某签订的《房屋买卖合同》《楼款收据》仅为保障双方之间民间借贷关系而签订的，双方之间并无真实的房屋买卖关系，《房屋买卖合同》并非是双方真实的意思表示，且违反了法律法规的强制性规定，上述《房屋买卖合同》《楼款收据》自始不发生法律效力。因此，法院判决驳回黄某要求将房屋过户的诉讼请求。

▶ 律师解析

要判断陈某与黄某签订的《房屋买卖合同》《楼款收据》是否为双方的真实意思表示，是否为真实的房屋买卖关系，须从以下几点来进行分析：

1.陈某与黄某签订《房屋买卖合同》《楼款收据》时双方的真实意思表示究竟是债权担保关系还是房屋买卖关系?

首先，陈某与黄某之间存在民间借贷关系。

陈某因资金紧张向黄某借款，双方之间签订了《借款合同》《借据》等法律文件，而债权人黄某也依《借款合同》的约定向陈某支付了借款80万元，双方之间存在真实的民间借贷关系。

其次，《房屋买卖合同》《楼款收据》实际是为了保障债务的履行和债权的实现而签订的，实际上是一种债权担保方式，双方虽有约定（口头）如果债权一旦无法按期实现，则债权人有权依《房屋买卖合同》《楼款收据》办理过户手续，但该约定（口头）因违反《中华人民共和国担保法》(以下称《担保法》)第四十条“订立抵押合同时，抵押权人和抵押人在合同中不得约定在债务履行期届满抵押权人未受清偿时，抵押物的所有权转移为债权人所有”的规定而不产生法律效力。

2.《房屋买卖合同》约定的交易权利义务是否对等的问题。

诉讼过程中，经法院委托第三方评估机构对涉案房屋在陈某与黄某签订《房屋买卖合同》的时点的价值进行了评估，评定价格为118万元，该价格远远高于《房屋买卖合同》约定的88万元的成交价，明显与市场价格不符，严重损害产权人陈某的利益。

3.《房屋买卖合同》的内容约定是否完备问题。

签订《房屋买卖合同》时，除了楼价款以外，陈某与黄某并没有约定房屋交易的其他事项，如税费由哪方承担、递件过户的时间、交房的时间等都没有进行约定，而且签订《房屋买卖合同》之后，双方亦未去房地产交易部门办理网签手续，明显与正常交易惯例不符。

4. 黄某在起诉陈某要求将房屋过户的诉讼中有没有刻意隐瞒双方之间存在民间借贷关系的问题。

诉讼过程中，黄某仅向法院提供了《房屋买卖合同》《楼款收据》证明其与陈某之间存在房屋买卖关系，并要求按《房屋买卖合同》来完成过户交易关系，却完全隐瞒了双方之间签署的《借款合同》《借据》等资料，存在刻意隐瞒双方之间真实的民间借贷关系的事实。

综合上述分析，陈某与黄某签订的《房屋买卖合同》《楼款收据》并非陈某的真实意思表示，也违反了法律法规的强制性规定，自始不发生法律效力。

▶ 关联法条

1.《中华人民共和国民法通则》(下称《民法通则》)

第五十五条 民事法律行为应当具备下列条件：

（一）行为人具有相应的民事行为能力；

（二）意思表示真实；

（三）不违反法律或者社会公共利益。

2.《担保法》

第四十条 订立抵押合同时，抵押权人和抵押人在合同中不得约定在债务履行期届满抵押权人未受清偿时，抵押物的所有权转移为债权人所有。

3.《最高人民法院关于审理民间借贷案件适用法律若干问题的规定》

第二十四条 当事人以签订买卖合同作为民间借贷合同的担保，借款到期后借款人不能还款，出借人请求履行买卖合同的，人民法院应当按照民间借贷法律关系审理，并向当事人释明变更诉讼请求。当事人拒绝变更的，人民法院裁定驳回起诉。

典型案例 8

为了能多贷款买卖双方签订阴阳合同，后业主反悔以此为由不同意继续交易，买方还能要求继续交易吗？

▶ 法律要点

为了能多贷款少付首期，买卖双方签订的《存量房买卖合同》（网签合同）上的交易价格高于双方签订的《房屋买卖合同》（三方合同），合同履行过程中，因房价上涨，业主反悔，以存在“阴阳合同”为由拒绝继续履行合同，买方要求继续履行合同并同意一次性付款，获得法院支持。

▶ 案情介绍

2017 年 1 月 15 日，买方王某兴在中介公司的居间下与卖方秦某华签订了《房屋买卖合同》（三方合同），约定买方王某兴以人民币 180 万元的价格购买秦某华的一套二居室物业，签订合同当日支付定金 5 万元，买方以按揭贷款的方式支付楼价款。同时，双方还在合同的备注条款上约定，定金 5 万元，首期款以楼价款与银行贷款差额部分为准，于递件交易成功当天支付；签订买卖合同之日起 180 日内完成全部交易手续；等等。

合同签订当天，买方王某兴按合同约定支付了定金 5 万元。

2017 年 1 月 18 日，卖方配合买方办理了抵押按揭贷款手续并签署了由按揭公司代买卖双方编制并打印的《存量房买卖合同》（网签合同）等按揭贷款资料等，网签合同交易价格为 220 万元。

2017 年 3 月 22 日，银行出具了《同意贷款意向书》，同意发放按揭贷款 154 万元，有效期三个月。

2017 年 3 月 25 日，中介公司通知卖方秦某华配合买方王某兴及中介公司前往房地产交易中心办理递件过户交易手续。但此时，卖方秦某华不仅不配合中介公司及买方办理递件过户交易手续，相反，卖方秦某华到当地的人民银行、银监会投诉买方王某兴、按揭公司以及按揭贷款银行，认为他们通过提交虚高价格的《存量房买卖合同》（网签合同）骗取银行贷款，银行审批核定的贷款额度高达房屋真实成交价的 86%，远高于银行最高 70% 的贷款额度。同时，卖方秦某华还向房地产中介管理机构投诉中介公司提供虚假的网签合同。

2017 年 4 月 8 日，按揭公司撤销了楼价为 220 万元的《存量房买卖合同》（网签合同），同时，按揭公司重新提交了楼价为 180 万元的《存量房买卖合同》（网签合同）。

2017 年 4 月 9 日，买方王某兴向卖方秦某华发出《敦促履行通知函》，敦促卖方秦某华于 2017 年 4 月 14 日配合办理递件过户交易手续，并告知卖方秦某华，其愿意于递件交易成功当天以一次性付款的方式支付剩余楼价款（人民币 175 万元）。

2017 年 4 月 12 日，卖方秦某华发出《解除合同通知函》，声明，因在交易过程中，双方签订的《存量房买卖合同》（网签合同）存在虚假行为，加大交易风险，因此，自该函发出之日起解除双方签订的《房屋买卖合同》（三方合同）。

2017 年 4 月 19 日，买方王某兴向物业所在地法院提起诉讼，要求继续履行双方签订的《房屋买卖合同》（三方合同），卖方秦某华协助办理递件过户交易手续，并按总楼价 0.1% 的标准向买方王某兴赔偿违约金。

起诉当日，买方王某兴向法院提起财产保全申请，查封了涉案的物业。

诉讼过程中，应法院的要求，买方王某兴将剩余全部楼价款 175 万元交到法院账户代为保管。

▶ 争议焦点

1. 交易过程中，买方为了多贷款而签订阴阳合同以及卖方以阴阳合同为由拒绝履行合同，究竟是否构成违约？

2. 涉案交易是否具备继续交易的条件？

▶ 法院判决

法院审理后认为：在签署《房屋买卖合同》（三方合同）时，买方王某兴向中介公司以及卖方秦某华提出希望作高房价以获得高额银行贷款时，卖方秦某华同意买方王某兴的要求，基于此，在三方合同备注条款中注明首期款为楼价款与银行贷款差额部分，而没有约定具体数额，同日，卖方秦某华也协助买方王某兴办理了按揭贷款手续，对此，买卖双方均存在一定的过错；现买方要求一次性付款并继续交易并没有加大交易风险，最终法院判决双方继续履行《房屋买卖合同》（三方合同），卖方秦某华配合买方王某兴办理递件过户交易手续，买方王某兴于过户当天一次性付款给卖方秦某华。同时，法院驳回了买方王某兴要求卖方秦某华支付违约金的诉求。

▶ 律师解析

类似争议在二手房买卖过程中经常出现，除了作高房价以取得较高额度贷款以外，还普遍存在为了逃避高额税费，在《存量房买卖合同》（网签合同）中作低交易价格，这在二手房交易中，通常被叫作“阴阳合同”。

针对本案的争议焦点，应着重从以下几个方面进行解析：

1. 交易过程中，买方为了多贷款而签订阴阳合同以及卖方以阴阳合同为由拒绝履行合同，双方是否构成违约？

诚实信用原则是民法和合同法的一项基本原则，也是市场经济活动的一项基本道德准则，买卖双方应严格按《房屋买卖合同》（三方合同）的约定诚信履行各自的义务，包括按合同真实价格进行网签以及如实向银行提供贷款资料。买方以明显高于真实交易价格签订网签合同，并以此获取银行超额的贷款额度，很明显，违反了诚实信用的原则，在一定程度上属于恶意欺诈损害银行的合法权益，属于违法违规行为，卖方有权拒绝配合买方通过欺骗方式获得银行贷款的行为，其行为并不违约。当然，卖方对买方通过作高交易价格获得银行超额贷款的行为是明知的，而且也配合买方签订了网签合同，卖方在此过程中，同样也存在过错。

2. 涉案交易是否具备继续交易的条件?

第一，本案中虽存在《房屋买卖合同》（三方合同）、《存量房买卖合同》（网签合同）两份合同，且两份合同对于交易总价约定不一致，但《房屋买卖合同》（三方合同）中亦有“本合同与《存量房买卖合同》不一致时，以本合同为准”的约定，说明买卖双方真实履行的是《房屋买卖合同》（三方合同），双方应依据该合同约定的各项义务诚实交易。

第二，《存量房买卖合同》（网签合同）约定的交易价格明显高于《房屋买卖合同》（三方合同），虽加大了交易的风险，但如前所述，卖方秦某华对此是知道并且同意的，也配合签署了《存量房买卖合同》（网签合同），对此，同样存在一定过错，现按揭公司已撤销之前交易价格为220万元的《存量房买卖合同》（网签合同），按180万元交易价格重新编制了《存量房买卖合同》（网签合同），加大交易风险的情形已消除。

第三，《存量房买卖合同》（网签合同）仅属于房地产管理机构的行政管理手段，即便存在与《房屋买卖合同》（三方合同）约定不一致的，也不影响双方按《房屋买卖合同》(三方合同)约定履行各自的义务。

第四,二手房交易过程中，卖方秦某华的根本权益即为及时全额收取楼价款，买方王某兴的主要义务是支付楼价款，现买方王某兴虽将付款方式由按揭贷款方式变更为一次性付款，改变了合同的约定，但该改变并不会加大交易风险，相反，简化了交易手续，降低了交易风险。诉讼过程中，买方王某兴已将剩余全部楼价款175万元交到法院账户代为保管，其作为购房者的主要义务已经履行完毕。

第五，涉案房屋在交易过程中虽出现争议和交易风险，但买卖双方均存在一定的过错，现交易风险已排除，从维护交易的稳定性角度亦应继续履行《房屋买卖合同》(三方合同)。

由此可见，涉案房屋具备继续交易的条件，买方王某兴已将购房的全部楼价款依法提存到法院后，根据等价有偿原则，秦某华作为卖方亦应当履行其协助房屋过户及交付房屋的义务。

综上，卖方以交易过程中存在阴阳合同为由拒绝继续交易不违约，但由于买方已及时将全部交易资金提存到法院账户代管，该交易具备继续履行的条件，且继续交易亦并不损害卖方获得全部售房款的基本权利，法院判决继续履行合同，双方互不承担违约责任，既符合《合同法》第一百零七条规定的继续履行合同的条件，亦不违反《合同法》第一百一十条不能继续履行合同的规定，且还充分考虑到了双方在交易过程中存在的过错，合情合理合法。

当然，在我们经办的案例中，也有些交易，存在买卖双方签订《房屋买卖合同》(三方合同)后，未经卖方同意，买方或中介公司擅自制作《存量房买卖合同》(网签合同)，且网签合同与三方合同在交易价格等合同根本性条款的约定上不一致，卖方拒绝继续交易的情形。在此种情形下，若买方以卖方违约为由解除合同或买方不能一次性付款而请求解除合同，同时要求卖方承担违约赔偿责任的，大多法院认为，由于合同根本性条款的约定不一致加大了交易风险并产生了重大争议，事后双方亦未能就这些争议充分协商并达成一致，对于合同的解除，不可归责于任何一方，因此，通常会判决合同解除，双方互不承担违约责任。

▶ 关联法条

1.《民法通则》

第四条 民事活动应当遵循自愿、公平、等价有偿、诚实信用的原则。

2.《合同法》

第六条 当事人行使权利、履行义务应当遵循诚实信用原则。

第一百零七条 当事人一方不履行合同义务或者履行合同义务不符合约定的，应当承担继续履行、采取补救措施或者赔偿损失等违约责任。

第一百一十条 当事人一方不履行非金钱债务或者履行非金钱债务不符合约定的，对方可以要求履行，但有下列情形之一的除外：

（一）法律上或者事实上不能履行；

（二）债务的标的不适于强制履行或者履行费用过高；

（三）债权人在合理期限内未要求履行。

典型案例 9

房屋买卖过程中，交易房屋被法院查封，交易还能继续吗？

▶ 法律要点

签署房屋买卖合同并办理了递件交易手续后，交易的房屋却因业主欠债被法院查封了，若买方具备善意买受人条件，买方可以申请查封（执行）异议并解除该查封，最终实现将交易的房屋过户的目的。

▶ 案情介绍

2016 年 8 月 17 日，买方郭某鹏在某中介公司的居间下以 116 万元的价格购买了广州市黄埔区某街某号 104 房，并与业主云某兴签订了《房屋买卖合同》，合同约定，由于涉案房屋为限价房，郭某鹏代业主云某兴赎契（提前偿还银行按揭贷款）并承担涉案房屋由限价房转商品房的地税差价，合同还约定郭某鹏在签订合同当天向业主云某兴支付定金 1 万元，另向中介公司支付交楼保证金 5 万元。

签署上述合同当日，买方向业主云某兴支付了定金 1 万元，另向中介公司支付交楼保证金 5 万元。

同年 9 月 8 日，郭某鹏向业主云某兴银行按揭贷款还款专户转入提前还款金额 233500 元。

同年 9 月 17 日，郭某鹏向业主云某兴再次转账支付 455000 元，其中楼价款 440000 元，15500 元为全屋的家私家电的补偿款。

同年 9 月 30 日，郭某鹏缴纳了国有土地出让交易补地价款 274817 元。

同年 11 月 11 日，郭某鹏与云某兴到房地产交易中心办理了涉案房屋的递件交易手续并缴纳了各类税款 11600 元，取得了房地产交易中心出具的收件回执。

同年 11 月 16 日，广州某银行向黄埔区人民法院提起诉前财产保全，要求查封业主云某兴名下价值约 40 万元的财产，同日，黄埔区人民法院依法作出查封裁定。

同年 11 月 17 日，涉案房屋被黄埔区人民法院依法查封，涉案房屋的交易被房地产交易中心中止。

2017 年 1 月，郭某鹏在与业主云某兴及广州某银行多次协商未果的情况下，向黄埔区人民法院提起查封异议。

2017 年 3 月 3 日，黄埔区人民法院就郭某鹏提出的查封异议依法组织开庭听证。听证过程中，郭某鹏认为，其与云某兴已递交了过户登记手续并在房地产交易中心审核通过后拿到了收件回执，其已完成大部分交易手续，交易房屋应属于自己所有，且其与云某兴签订《房屋买卖合同》在先，现已支付绝大部分楼款，又已经收楼入住，符合善意买受人条件，法院应当依法予以解除查封。而广州某银行对此表示，交易房屋目前仍登记在云某兴名下，尚未完成过户，物权未转移，云某兴仍是合法产权人，同时，该《房屋买卖合同》存在明显不合理的地方，郭某鹏不符合善意买受人条件，其提出的查封异议不成立。

2017 年 6 月 21 日，郭某鹏将总楼价的差额部分 201683 元（该差额部分郭某鹏认为有异议）交到法院账户由法院代管。

▶ 争议焦点

郭某鹏是否符合善意买受人条件？郭某鹏提出的查封异议是否成立？

▶ 法院判决

法院经审理认为，郭某鹏与云某兴签订的《房屋买卖合同》发生在本次查封异议之前，而郭某鹏已向云某兴支付了大部分购房款，且已代云某兴支付了补地价款和买卖交易税费，并已向房地产交易中心办理了申请房屋产权转移的过户登记手续。况且，云某兴已将涉案房屋交付郭某鹏装修入住，对于总楼价的差额部分郭某鹏虽有异议但也已交法院代管作为履行担保。因此，法院认为郭某鹏提出的异议理由成立，裁定解除对广州市黄埔区某街某号104房的查封。

▶ 律师解析

郭某鹏是否符合善意买受人条件以及郭某鹏提出的查封异议是否成立，应根据《最高人民法院关于人民法院办理执行异议和复议案件若干问题的规定》第二十八条之规定进行审查。按该规定，郭某鹏查封异议成立应符合以下条件：

条件一：在法院查封之前已签订合法有效的书面买卖合同。

本案中，根据郭某鹏提供的《房屋买卖合同》、《收款收据》、《广州市存量房买卖合同》（网签合同）等书面资料，均有效证明在2016年8月17日，郭某鹏就已经在中介公司的居间下与业主云某兴签订了《房屋买卖合同》和《广州市存量房买卖合同》（网签合同），直至 2017 年 11 月 16 日，广州某银行才向黄埔区人民法院提起诉前财产保全，且《房屋买卖合同》和《广州市存量房买卖合同》（网签合同）并无违反法律强制性规定的情形，而广州某银行也没有提供证据证明《房屋买卖合同》无效。

条件二：在法院查封之前已合法占有该不动产。

根据郭某鹏提交的《交楼确认书》、中介公司出具的交易情况说明、业主云某兴的陈述等证据证明了郭某鹏在法院查封之前已收楼并装修入住，证明其已合法地实际占有了涉案房屋。

条件三：已支付全部价款，或者已按照合同约定支付部分价款且将剩余价款按照法院的要求交付执行。

根据郭某鹏提供的业主云某兴出具的《收款收据》、银行转账流水等相关证据证明，郭某鹏已按房屋买卖合同之约定，支付了房屋价款 45 万元给云某兴，以及代云某兴偿还了房屋原有贷款 233500 元，并代云某兴支付了补地价款 274817 元，可见，郭某鹏总共已支付了楼款价达 958317 元，达到了总房价的 82% 以上，且在查封异议听证过程中，郭某鹏向法院交纳了 201683 元的总楼价的差额部分（该差额部分郭某鹏认为有异议）作为解封担保由法院代管，因此，郭某鹏亦符合上述条件。

条件四：非因买受人自身原因未办理过户登记。

郭某鹏在听证过程中，向法院提交了《广州市存量房买卖合同》（网签合同）《补地价（电子）票据》《住房买卖契税发票》《增值税普通发票》《产权转移登记受理回执》等证据，证实买卖双方，尤其是作为买方的郭某鹏积极地履行支付楼价款、补缴土地出让金、递件交易并缴付过户过程中应缴纳的税费等义务，郭某鹏并不存在不履行、怠于履行合同的情形。涉案房屋被查封，郭某鹏事先并不知情，也没有过错。因此，未能完成过户登记手续并非是因买受人郭某鹏的原因造成。

综上，郭某鹏完全符合《最高人民法院关于人民法院办理执行异议和复议案件若干问题的规定》第二十八条所规定的上述全部条件，因此，在交易房屋被查封而导致交易无法完成时，郭某鹏依法向查封法院提起查封异议，法院经审核依法支持了郭某鹏的诉求，解除了涉案房屋的查封是合理合法的。最终，郭某鹏顺利地完成了过户交易手续。

▶ 关联法条

1.《民事诉讼法》(下称《民事诉讼法》)

第二百二十七条 在执行过程中，案外人对执行标的提出书面异议的，人民法院应当自收到书面异议之日起十五日内审查，理由成立的，裁定中止对该标的的执行；理由不成立的，裁定驳回。案外人、当事人对裁定不服，认为原判决、裁定错误的，依照审判监督程序办理；与原判决、裁定无关的，可以自裁定送达之日起十五日内向人民法院提起诉讼。

2.《最高人民法院关于人民法院办理执行异议和复议案件若干问题的规定》

第二十八条 金钱债权执行中，买受人对登记在被执行人名下的不动产提出异议，符合下列情形且其权利能够排除执行的，人民法院应予支持：

（一）在人民法院查封之前已签订合法有效的书面买卖合同；

（二）在人民法院查封之前已合法占有该不动产；

（三）已支付全部价款，或者已按照合同约定支付部分价款且将剩余价款按照人民法院的要求交付执行；

（四）非因买受人自身原因未办理过户登记。

3.《最高人民法院关于人民法院民事执行中查封、扣押、冻结财产的规定》

第十七条　被执行人将其所有的需要办理过户登记的财产出卖给第三人，第三人已经支付部分或者全部价款并实际占有该财产，但尚未办理产权过户登记手续的，人民法院可以查封、扣押、冻结；第三人已经支付全部价款并实际占有，但未办理过户登记手续的，如果第三人对此没有过错，人民法院不得查封、扣押、冻结。

典型案例 10

合同约定，买方不过户，只办理全权公证委托给买方，现业主反悔不同意做公证，要求直接过户给买方，业主的行为违约了吗？

▶ 法律要点

《房屋买卖合同》约定，买方不过户，只办理全权公证给买方，现业主反悔不同意做公证，要求将房屋直接过户给买方，但买方却无购房资格，业主解除合同不构成违约。

▶ 案情介绍

2012 年 11 月，买方谢某与卖方雷某湘在广州市德某房地产代理有限公司（下称中介公司）的居间下签订了《房屋买卖合同》，合同约定，谢某以 109 万元的价格购买位于广州市海珠区新港中路某号 406 房，谢某在签订房屋买卖合同当天支付定金 2 万元，余下的 107 万元于 2012 年 12 月 15 日前支付给卖方雷某湘，付款当天买卖双方去公证处做全权公证委托书，买方谢某有权选择最终落户人姓名等。

签订《房屋买卖合同》当日，谢某向雷某湘支付了 2 万元的定金。卖方雷某湘收取定金后，中介公司多次电话通知卖方雷某湘办理全权公证委托书并收取楼款，但电话均由其母亲接听，无奈，中介公司向卖方雷某湘发出《履约催促函》。

2012 年 12 月 24 日，买方谢某与卖方雷某湘签订《补充协议》，约定，将去公证处做全权公证委托及支付剩余楼款的时间推迟到 2013 年 1 月 10 日前，其他条款按原合同。

2012 年 12 月底，买方谢某与卖方雷某湘双方去公证处办理全权公证委托手续过程中，卖方雷某湘对办理全权公证委托手续不放心，要求与谢某一起去房地产交易中心，直接过户给谢某，但谢某却不同意。双方僵持不下，谢某又表示，可以将该房过户给其弟，但雷某湘却坚持要将案涉房屋过户给谢某。双方一直无法达成一致意见。

2013 年 2 月，买方谢某向法院起诉，认为《房屋买卖合同》及

《补充协议》均明确约定了不过户，双方采取办理全权公证委托的方式进行交易，但卖方雷某湘却在交易过程中拒不配合办理全权公证委托书，虽经买方谢某与中介公司多次催促，仍不愿意配合，其行为已构成根本违约，应承担违约赔偿责任。因此，请求法院判决卖方雷某湘返还定金 2 万元并按合同约定赔偿楼价 10% 的违约金 10.9 万元。

卖方雷某湘却认为，买方谢某并无购房资格，事先并没说明涉案房屋将要落户给谁，在办理全权公证委托书时才告知要过户给其弟，其不同意过户给其弟，只同意过户给买方谢某。

诉讼过程中，卖方雷某湘与买方谢某均同意解除案涉的《房屋买卖合同》及《补充协议》。

▶ 争议焦点

1.《房屋买卖合同》及《补充协议》明确约定该次交易不过户，卖方雷某湘配合办理全权公证委托书，该约定是否有效?

2. 卖方雷某湘不同意办理全权公证委托书，只同意直接过户给买方谢某，其行为是否构成违约?

▶ 法院判决

法院经审理认为，买方谢某与卖方雷某湘签订的《房屋买卖合同》及《补充协议》是合法有效的。现双方均同意解除上述《房屋买卖合同》及《补充协议》，故法院确认买卖双方签订的《房屋买卖合同》及《补充协议》解除，但合同解除的原因是由于合同在履行过程中，双方发生争议且该争议无法通过协商解决，不可归责于任何一方。因此，法院判决雷某湘返还定金 2 万元给谢某，驳回谢某要求雷某湘承担违约金的诉讼请求。

▶ 律师解析

1.《房屋买卖合同》及《补充协议》中关于卖方雷某湘配合办理全权公证委托书的约定是否有效的问题。

根据《民法通则》第五十五条之规定，合同应同时具备以下三个要素才有效：

（1）行为人具有相应的民事行为能力；

（2）意思表示真实；

（3）不违反法律或者社会公共利益。

本案中，买方谢某与卖方雷某湘均具有完全民事行为能力，可以独立处分自己的权益，《房屋买卖合同》及《补充协议》也是双方在完全自愿的基础上签订的，是双方真实的意思表示，且《房屋买卖合同》及《补充协议》约定的内容既不违反社会公共利益，也不违反法律法规效力性规定，是合法有效的。

2. 关于卖方雷某湘不同意办理全权公证委托书，只同意直接过户给买方谢某，其行为是否构成违约?

从双方签订的《房屋买卖合同》及《补充协议》的内容来看，买方谢某与卖方雷某湘在合同中没有约定办理房屋产权过户登记的时间，也没有明确由买方谢某取得涉案房屋的产权，而是约定由卖方雷某湘办理全权公证委托，买方谢某有权选择最终落名人，即产权的归属人，即表明双方在合同中没有确定取得涉案房屋产权的最终权利人。由于广州实行限购政策，而房屋的产权过户时间会影响到卖方雷某湘取得新的购房资格的时间，而产权归属人又影响到交易对象的确定以及交易安全的保障，这些都是房屋交易所涉的重要信息，双方在交易过程中必须对涉及房屋交易的各项重要信息予以确定后方可继续履行并保障各方的利益和交易的安全。根据《合同法》第十二条、第六十一条之规定，买卖双方对合同的重大条款产生争议时，可以通过协商并签订补充协议的方式进行完善和确定，但在本案中，双方对房屋交易的重要信息和条件（最终落户到谁的名下）存在重大且为根本性的争议，且又未能对这些重要信息和条件达成一致的情况下，双方又均同意解除涉案合同，因此，合同的解除不能归责于任何一方，双方均不承担违约责任。

二手房买卖过程中，因各种原因，尤其是炒房的原因，部分买方不愿意办理过户手续，而是约定以办理公证委托的方式规避国家限购政策。在司法实践中，对这种以办理公证委托的方式规避国家限购政策的方式，司法机关通常会重点、严格审查买方是否具备购房资格以及其签订合同的根本目的。

▶ 关联法条

1.《民法通则》

第五十五条 民事法律行为应当具备下列条件：

（一）行为人具有相应的民事行为能力；

（二）意思表示真实；

（三）不违反法律或者社会公共利益。

2.《合同法》

第十二条 合同的内容由当事人约定，一般包括以下条款：

（一）当事人的名称或者姓名和住所；

（二）标的；

（三）数量；

（四）质量；

（五）价款或者报酬；

（六）履行期限、地点和方式；

（七）违约责任；

（八）解决争议的方法。

当事人可以参照各类合同的示范文本订立合同。

第六十一条 合同生效后，当事人就质量、价款或者报酬、履行地点等内容没有约定或者约定不明确的，可以协议补充；不能达成补充协议的，按照合同有关条款或者交易习惯确定。

典型案例 11

债权人利用公证委托书擅自将房子过户给他人，债务人能否讨回自己的房子？

▶ 法律要点

债权人与债务人（业主）签订借款合同的同时要求债务人办理

全权公证委托书，授权债权人处分债务人（业主）名下的房屋。后由于债务人（业主）未能按时还款时，债权人利用公证委托书将债务人（业主）名下的房屋售予他人。由于买受人并不知情，且以市场价格购买，并已支付了绝大部分楼款，此种情况下，应依法保护善意买受人的合法权益。

▶ 案情介绍

2014 年 5 月，蒙某与詹某签订《房地产抵押合同》，约定，蒙某向詹某借款人民币 400 万元，蒙某将其名下的位于广州市天河区华利路 × 号 × 房（下称涉案房屋）抵押给詹某，借款期限三个月。

签署完上述《房地产抵押合同》当日，蒙某还要求詹某签署了《委托合同》，约定，蒙某系涉案房屋的产权人，现特委托詹某为代理人，代理权限包括代为转让出售涉案房屋、签署房屋买卖合同、办理网签手续、收取售楼款、交付房屋等一切涉及涉案房屋产权过户的手续。同时，公证处对该《委托合同》进行了公证，并出具了《公证书》，确认该《委托合同》的真实性以及是双方的真实意思表示，确认双方对《委托合同》条款和内容无异议等。

借款到期后，因蒙某未按《房地产抵押合同》的约定偿还借款本息，2014 年 9 月，蒙某与詹某签订《借款人还款计划协议》，约定，蒙某至 2014 年 11 月 10 日前分期偿还借款本息 403 万元。如借款人未能按时分批还款，借款人无条件地自愿交出所抵押房屋的钥匙、门禁卡给贷款人，且立即搬离该房屋，并授权贷款人全权处理抵押房产，如借款人及家人不搬离、不配合房产处置的，贷款人将全权处置该房产，产生的所有费用及法律责任全部由借款人自行承担等等。

至2014年11月10日，蒙某除还了50余万元外，再次未按还款计划协议的约定偿还本息，尚欠借款本金350万元及相应利息。

2014年11月中旬，詹某向涉案房屋所在区域的多家中介公司放盘，放盘价380万元。但当时二手房市场相对低迷，房子并不好卖。在中介公司的建议下，詹某多次下调房价。

2014年12月初，在中介公司的居间下，詹某手持公证的《委托合同》并以代理人名义与买方李某签订了《房屋买卖合同》，房价为350万元。同日，又签署了《广州市存量房买卖合同》，并收取了李某定金5万元。

2014年12月中旬，涉案房屋办理了递件过户手续并作了抵押登记。

2014年12月底，李某拿到了房产证以后上门收楼，结果却遭到了蒙某及其家人的阻挠，双方均报警求助。

2015年1月，蒙某将詹某、买方李某以及李某的按揭贷款银行均告上法院，蒙某认为，詹某未经其许可，与李某恶意串通将涉案房屋以低价过户，损害其利益，要求确认詹某与李某签订的《房屋买卖合同》及《广州市存量房买卖合同》无效，并判决李某将涉案房屋的所有权返还给蒙某。为证明上述事实，蒙某向法院提交了其与詹某之间的民间借贷合同、借据、还款计划协议等证据，同时，蒙某还提交了其委托评估公司出具的《评估报告》，该报告显示2014年12月期间，涉案房屋的市场价格为480万元。

买方李某收到蒙某的起诉状后，向法院提起了反诉，认为詹某持有合法的公证委托书，有权出售涉案房屋，蒙某应依法履行交楼义务，现蒙某拒绝交楼，已经严重违反合同约定，因此，请求法院判决蒙某立即交楼，并支付逾期交楼违约金 2 万余元。

▶ 争议焦点

1. 债权人詹某以代理人身份与李某签署的《房屋买卖合同》及《广州市存量房买卖合同》是否有效?

2. 债权人詹某与李某之间是否存在恶意串通损害蒙某利益的行为?

▶ 法院判决

诉讼过程中，法院通过摇珠委托了专业机构对涉案房屋在 2014 年 12 月初的房屋价值进行了重新评估，评估价格为人民币 405 万元。

经审理，法院认定詹某的代理行为有效，詹某以代理人身份与李某签署的《房屋买卖合同》及《广州市存量房买卖合同》有效，最终，法院判决驳回蒙某的诉讼请求，同时，判决蒙某交付房屋给李某，并支付逾期交楼违约金。

▶ 律师解析

1. 关于詹某以代理人名义出售涉案房屋对蒙某而言是否有法律效力的问题。

从上述案例中可以看出，詹某出售涉案房屋是基于其与蒙某签署了《委托合同》，那么，首先，从《委托合同》内容上看，该合同约定蒙某委托詹某为代理人，代理的权限包括转让出售涉案房屋、签署房屋买卖合同、签署房款资金监管协议、收取售楼款、领取房地产权证、办理公证、向房地产行政主管部门办理上述房地产的网签手续即一切买卖转名过户的必要手续并回答房地产行政主管部门转移登记相关询问、签署询问记录等，授权内容详尽明确具体。其次，从《委托合同》签署形式看，该《委托合同》经过公证机关进行了公证，具有较强的公信力和法律效力，而正是基于这种公信力，房地产行政主管部门在过户交易过程中并不需要蒙某本人确认该单交易的真实性以及《委托合同》的真实性。最后，从詹某实施代理行为的事项来看，詹某出售涉案房屋并收取楼款的代理权限均没有超出《委托合同》约定的代理权限，不属于无代理权限、超越代理权限、超过代理期限等情形。

因此，蒙某自愿签署《委托合同》并予以公证，是其自愿处分自己权利的行为，根据《中华人民共和国民法总则》(下称《民法总则》)第一百六十二条“代理人在代理权限内，以被代理人名义实施的民事法律行为，对被代理人发生效力”之规定，詹某从事受托代理事项的行为的后果对委托人蒙某有法律约束力。

2. 关于詹某与李某之间是否存在恶意串通损害蒙某利益的问题。

第一，从法庭调查的情况看，詹某与李某之前并不认识，是通过中介公司的居间认识的，不具有事先谋划、串通损害蒙某利益的主观故意。

第二，交易涉案房屋，包括前期的价格谈判、合同签署、按揭贷款、递件过户等整体交易流程均由中介公司主导并协助办理，詹某与李某并没有私下协商和交易。

第三，涉案房屋交易价格，虽然蒙某提供的评估报告显示2014年12月期间涉案房屋价格高达480万元，但该报告是蒙某单方面委托的，且詹某、李某并不认可。而诉讼过程中，法院通过摇珠产生的评估机构做出的405万元的评估报告更具可信性，因此，法院最终采纳了该评估报告所确定的价格。但评估价格并不意味着就是最终的成交价格，因为还要考虑到出售时的二手房市场供求、房屋的结构、装修新旧程度、房屋朝向、交易税费种类和比例等多种因素，况且，中介公司出具的证言也明确詹某曾以380万元的价格挂牌出售涉案房屋但一直没有找到接受该价格的买方，而且，当时确实属于房地产市场冷淡季节，案涉房屋并不是太好卖。

第四，据中介公司出具的证明以及李某的陈述，李某曾到涉案房屋看过房，蒙某的家人曾配合看房，并没有提出异议。

综上，詹某与李某并无事先恶意串通的故意，交易过程中，也无明显损害蒙某利益的行为，虽然交易价格（350万元）与评估价格（405万元）有一定的差额，但考虑到市场供求等因素，并不足以证明此次交易是一次恶意串通的行为，因此，可以认定李某属于善意买受人。

最后，若蒙某认为詹某的代理行为损害了其利益，根据《民法总则》第一百六十四条的规定，蒙某可另案起诉詹某要求其赔偿损失。

当然，笔者团队也代理过债权人利用公证的授权委托书将债务人的房屋过户到自己亲属名下的案例，此类交易，系买方与债权人恶意串通损害债务人利益的行为，法院一般不会支持。

▶ 关联法条

1.《民法总则》

第一百五十四条 行为人与相对人恶意串通，损害他人合法权益的民事法律行为无效。

第一百六十一条 民事主体可以通过代理人实施民事法律行为。

依照法律规定、当事人约定或者民事法律行为的性质，应当由本人亲自实施的民事法律行为，不得代理。

第一百六十二条 代理人在代理权限内，以被代理人名义实施的民事法律行为，对被代理人发生效力。

第一百六十四条 代理人不履行或者不完全履行职责，造成被代理人损害的，应当承担民事责任。

代理人和相对人恶意串通，损害被代理人合法权益的，代理人和相对人应当承担连带责任。

2.《合同法》

第五十二条 有下列情形之一的，合同无效：

（一）一方以欺诈、胁迫的手段订立合同，损害国家利益；

（二）恶意串通，损害国家、集体或者第三人利益；

（三）以合法形式掩盖非法目的；

（四）损害社会公共利益；

（五）违反法律、行政法规的强制性规定。

典型案例 12

新政出台后，买方失去购房资格，业主起诉买方违约，法院会如何处理？

▶ 法律要点

签订房屋买卖合同却遇上政府出台限购政策，买方因限购政策变化导致失去购房资格，合同因不可归责于双方的原因导致无法继续履行，买卖双方解除合同，互不负违约责任。

▶ 案情介绍

陈某是非广州户籍人员，在广州工作 3 年并缴纳社保。

2017 年 2 月 23 日，陈某在中介公司的带看下，看中了某小区 3 栋 1105 房（以下简称涉案房屋），便委托中介公司与涉案房屋的业主进行协商谈价，同时，陈某向中介公司支付了 2 万元的购房定金。

2017 年 2 月 25 日，陈某（买方）与李某（卖方）签订《房屋买卖合同》，约定：陈某以 500 万元的价格购买李某所有的涉案房屋；付款方式为涂销抵押后按揭付款；定金 2 万元，买方应在签署本合约当天自行交付卖方；卖方应在收到定金后 30 日内提供齐全办理银行贷款所需要的资料，且协助买方申请银行按揭；买方应在签署本合约后 30 日内签署银行按揭文件及支付贷款所需费用，并在签署银行按揭文件后 7 日内提供齐全办理银行贷款所需要的资料；买卖双方同意符合办理房产交易递件条件后十个工作日内配合经纪方办理本次交易的递件手续；卖方同意在收取定金后30日内自行向抵押银行申请办理提前还贷手续；银行经审批同意贷款后，首期楼款应在房管部门出具成功受理本次交易的递件回执当天自行支付给卖方；楼款余款由贷款银行直接划给卖方等。因政府部门或银行等第三方原因导致交易延迟的，交易时间相应顺延。

合同签订后，2017年2月25日中介公司将陈某之前交付的2万元定金转付给卖方李某。

合同签订后，李某（卖方）和陈某（买方）未就买售涉案房屋事宜办理网签手续。

李某依约办理了涉案房屋的提前还贷手续，结清贷款后办理了涉案房屋的涂销抵押手续。

2017年3月17日晚，广州市突然出台购房新政（下称“3·17”新政），新政规定，自2017年3月17日开始，非本市户口人员社保需连续缴纳满5年，才可在广州市内购房一套住宅。

陈某购房资格受到影响，提出希望将交易时间延期到其社保缴满5年，但卖方李某却不同意，双方经多次协商房屋交易事宜未果。李某以陈某不符合购房政策为由向法院提起了诉讼，要求解除合同并要求陈某承担违约责任。同时，陈某向法院提起反诉，要求李某继续履行房屋买卖合同。

▶ 争议焦点

1.“3·17”新政后，陈某不具备继续购房的资格，卖方要求买方承担违约责任是否具有法律依据？

2.《房屋买卖合同》应否继续履行？

▶ 法院判决

法院审理认为，本案因购房政策变化导致陈某失去购房资格，致使双方的合同客观上已无法按原约定条件继续履行，李某提出解除合同符合法律规定，但合同不能继续履行的原因不可归责于买卖双方的任何一方，各方均无须承担违约责任，因此，法院判决李某向陈某退还已付定金，驳回李某要求陈某承担违约诉讼请求，也驳回了李某要求继续履行合同的诉讼请求。

▶ 律师解析

1.“3·17”新政是否影响陈某履行合同的问题。

2017 年 3 月 17 日，《广州市人民政府办公厅发布关于进一步完善我市房地产市场平稳健康发展政策的通知》，将非本市户籍居民家庭的购房资格由“购房之日前 5 年内在本市连续缴纳 3 年以上个人所得税或社会保险”调整为“购房之日前 5 年在本市连续缴纳个人所得税或社会保险”。政策同时还规定，2017 年 3 月 17 日及之前已签订认购书或购房合同，并且完成购房合同网签的，或者未完成购房合同网签，但已签订认购书或购房合同且能提供交付房款（含定金、首付款或部分房款）的银行入账凭证或完税证明原件的，仍按原政策执行。

然而，买卖双方于 2017 年 2 月 25 日签订合同之后，一直未办理网签手续，其 2 万元的购房定金，是通过中介公司转交的，因此无法提供交付定金的转账凭证。因此，陈某只能按新政策执行。但陈某无法在短时间内购满 5 年社保取得在广州市购房资格。

2017 年 3 月 17 日新的限购政策将“连续缴纳 3 年以上个人所得税或社会保险”调整为 5 年，导致陈某在合同约定的房屋交易时间内无法取得购房资格，致使双方的合同无法按原约定条件继续履行。

2. 关于合同是否应继续履行的问题。

陈某主张双方于 2017 年 2 月 25 日签订的《房屋买卖合同》第十三条约定“因政府部门或银行等第三方原因导致交易延迟的，交易时间相应顺延”，本案由于出现“3・17”限购政策，属于政府部门的原因，故陈某认为交易日期应相应顺延。同时，陈某还认为，其可以通过在广州落户等方式取得购房资格，仍可通过该合同实现购房，更不影响李某收取全部房款目的的实现。

笔者认为，双方“因政府部门或银行等第三方原因导致交易延迟的，交易时间相应顺延”的约定，不包含因购房政策变动的原因。买卖双方签订合同的当时，原限购政策是“满 3 年社保”，而陈某已经满足当时的购房条件，这是合同签订时所依赖的客观情况。从合同目的这个角度来分析，买卖双方签订合同就是为了在合同约定的时间内办理交易手续，达到过户及收取房款的合同目的。但新政策出台后，陈某不可能在合理时间内取得购房资格，合同约定的交易手续也无法在合理时间内办理完毕，这明显与合同目的相违背。因此，双方约定的“政府部门或银行等第三方原因”，应理解为“若政府部门或银行办理相关手续所需时间超出双方预估时间，导致交易延迟，则交易相应顺延”更为合理。

《最高人民法院关于适用〈中华人民共和国合同法〉若干问题

的解释（二）》第二十六条规定："合同成立以后客观情况发生了当事人在订立合同时无法预见的、非不可抗力造成的不属于商业风险的重大变化，继续履行合同对于一方当事人明显不公平或者不能实现合同目的，当事人请求人民法院变更或者解除合同的，人民法院应当根据公平原则，并结合案件的实际情况确定是否变更或者解除。"

由于政策的变化导致陈某不可能在合理期限内获得购房资格，属于买卖双方在签订合同时均无法预见的客观情况，导致合同目的无法实现，任何一方均有权要求解除合同。

3. 卖方要求买方承担违约责任是否具有法律依据?

本案属于确因无法归责于买卖双方的原因导致合同无法履行，从而解除合同，并不存在哪一方违约的问题，依据上述《最高人民法院关于适用〈中华人民共和国合同法〉若干问题的解释（二）》第二十六条、《最高人民法院关于审理商品房买卖合同纠纷案件适用法律若干问题的解释》第二十三条的规定，李某请求陈某承担违约责任或赔偿损失没有法律依据，因此该请求未能得到法院支持。

笔者提醒：前述案件中，"3·17"新政将购房人的社保从之前的3年提高到5年，但若当时该次交易买卖双方在签订中介公司提供的《房屋买卖合同》（因该合同存在卖方、买方及中介方，通常称作"三方合同"）后及时进行了网签或买方陈某通过银行转账的方式支付购房定金，实际是适用"3·17"新政前的购房政策的，是可以继续过户交易的。

▶ 关联法条

1.《广州市人民政府办公厅关于进一步完善我市房地产市场平稳健康发展政策的通知》[穗府办函(2017)50号]

一、非本市户籍居民家庭能提供购房之日前5年在本市连续缴纳个人所得税缴纳证明或社会保险缴纳证明的，在本市限购1套住房，非本市户籍居民家庭不得通过补缴个人所得税缴纳证明或社会保险缴纳证明购买住房。

2.《最高人民法院关于适用〈中华人民共和国合同法〉若干问题的解释(二)》

第二十六条 合同成立以后客观情况发生了当事人在订立合同时无法预见的、非不可抗力造成的不属于商业风险的重大变化，继续履行合同对于一方当事人明显不公平或者不能实现合同目的，当事人请求人民法院变更或者解除合同的，人民法院应当根据公平原则，并结合案件的实际情况确定是否变更或者解除。

3.《广东省高级人民法院关于审理房屋买卖合同纠纷案件的指引》[粤高法(2017)191号]

二十九、房屋买卖合同签订后，因房地产调控政策的实施，导致无法办理房屋所有权转移登记或者不能订立房屋担保贷款合同的，属于因不可归责于当事人双方的事由导致合同不能履行，人民法院可以参照《最高人民法院关于审理商品房买卖合同纠纷案件适用法律若干问题的解释》第二十三条的规定处理。一方请求另一方承担违约责任或者适用定金罚则的，不予支持。买受人请求判令出卖人办理所有权转移登记的，人民法院可以向其释明变更诉讼请求为解除合同、返还财产。

4.《最高人民法院关于审理商品房买卖合同纠纷案件适用法律若干问题的解释》

第二十三条 商品房买卖合同约定，买受人以担保贷款方式付款、因当事人一方原因未能订立商品房担保贷款合同并导致商品房买卖合同不能继续履行的，对方当事人可以请求解除合同和赔偿损失。因不可归责于当事人双方的事由未能订立商品房担保贷款合同并导致商品房买卖合同不能继续履行的，当事人可以请求解除合同，出卖人应当将收受的购房款本金及其利息或者定金返还买受人。

典型案例 13

买方因有不良征信记录无法贷款而导致合同解除，买方是否需要承担违约责任？

▶ 法律要点

买卖合同约定买方以按揭贷款方式支付房款，买方因个人征信存在不良记录，未获银行贷款审批，导致合同无法继续履行，卖方有权要求解除合同并要求买方承担违约责任。

▶ 案情介绍

2016 年 8 月 25 日，买方郑某、卖方覃某及经纪方签订《房地产买卖三方合同》，合同约定，卖方将其名下的某小区 1802 房的房屋转让给买方，总价款为人民币 182 万元，签署合同时买方需向卖方支付定金 15 万元，首付款 47 万元于递件交易并领取收件回执当天支付，剩余楼款 120 万元由买方向银行申请按揭贷款，且买方须在本合同签订后 8 日内办理按揭申请手续，并在 2016 年 9 月 25 日前取得银行出具的《同意贷款意向书》。卖方须同时配合买方办理银行按揭手续，按揭费用由买方承担。买卖双方约定于 2016 年 10 月 15 日前（含当日）办理房产过户手续，买卖双方的全部税费均由买方承担，任何一方违约，需承担总楼价 10% 的违约金，等等。

2016 年 8 月 30 日，买卖双方在银行办理了按揭贷款申请手续，并提供齐全贷款所需资料。2016 年 9 月 20 日，买方接到银行通知，因其名下信用卡有多次逾期，个人征信存在不良记录，故不批准其银行贷款申请。

之后，买方要求卖方配合申请另一家银行的按揭贷款，但卖方认为，自己已经履行了协助申请按揭的义务，贷款批不下来是买方自身的原因造成，且买方个人征信有不良记录，即使买方再申请，银行同样也会拒绝买方的贷款申请，卖方认为自己没有再次协助办理的义务，并向买方提出解除合同。

买方又提出，双方可以按合同继续履行，买方可以向业主按合同约定支付首付款，然后双方办理过户手续，其他房款由买方在过户后以抵押贷款的方式支付。业主不同意，并起诉至法院，要求解除双方签订的《房地产买卖三方合同》并要求买方支付总楼价 10%的违约金。

▶ 争议焦点

1. 买方因个人征信存在不良记录导致无法获得按揭贷款，是否属于违约行为?

2. 买方要求业主再次协助办理另一家银行的按揭贷款手续，业主不配合是否构成违约?

▶ 法院判决

法院经审理认为，买方因个人银行征信原因不能依约获得贷款批准，并不属于不可抗力因素，买方构成违约，因此，法院判决解除双方签订的《房地产买卖三方合同》，买方向卖方支付总楼价 10%的违约金。

▶ 律师解析

1. 对于买方因个人征信存在不良记录导致无法获得按揭贷款，是否属于违约行为的问题。

买卖双方及经纪方签订的《房地产买卖三方合同》，系双方真实意思表示，内容合法有效，各方应依约履行。合同明确约定了买方以按揭贷款方式支付房款，后因买方个人征信原因无法取得贷款批准，合同因买方个人原因导致无法继续履行，构成违约。买方虽提出不能继续交易系由银行不批准贷款的原因，并不是其主动的违约行为，属不可抗力行为，但作为买方，支付房款是其最基本的义务，合同虽有约定以按揭贷款方式支付房款，但这并不是唯一的付款方式，买方完全可以选择一次性付款的方式支付房款，从而可以促使合同继续履行。而且，银行不批准买方贷款并不是因为银行的信贷政策发生了改变，而是买方自己个人征信的原因造成的，买方既然选择以按揭贷款方式付款，就应该对自己具备贷款的条件作出应有的判断。《合同法》第九十三条第二款规定："当事人可以约定一方解除合同的条件。解除合同的条件成就时，解除权人可以解除合同。"该法第九十四条规定："有下列情形之一的，当事人可以解除合同：……（三）当事人一方迟延履行主要债务，经催告后在合理期限内仍未履行；（四）当事人一方迟延履行债务或者有其他违约行为致使不能实现合同目的；……"该法第一百零七条规定："当事人一方不履行合同义务或者履行合同义务不符合约定的，应当承担继续履行、采取补救措施或者赔偿损失等违约责任。"因此，卖方可依法律规定及合同约定解除合同。同时，依照合同约定，卖方有权要求买方承担违约责任。

2. 对于买方要求业主再次协助办理另一家银行的按揭贷款手续，卖方拒绝配合是否构成违约的问题。

《合同法》第六十条第二款规定："当事人应当遵循诚实信用原则，根据合同的性质、目的和交易习惯履行通知、协助、保密等义务。"买卖合同中约定卖方须协助买方办理银行的按揭申请手续，这是业主作为合同中的卖方所必须履行的协助义务。但这不代表卖方须无条件无限期地给予协助义务。本案中，卖方已经协助了买方办理按揭申请手续，已经提供了必要的协助义务，而买方未获银行审批的原因是买方自身的原因，并非卖方或第三方的原因。在第一次银行审批不通过之后，买方再次要求卖方配合到另一家银行办理按揭手续，这已经不属于卖方必然的协助义务，且买方即使再次申请贷款，因其个人征信存在不良记录，买方极有可能仍然不能通过银行的贷款审批。况且，合同约定在 2016 年 9 月 25 日前买方需取得银行出具的《同意贷款意向书》，即便卖方再配合办理银行按揭贷款手续，也不可能在合同约定的 9 月 25 日前取得新的银行的同贷书，因此，在卖方已经履行配合义务后，拒绝再履行额外的义务不属于违约行为。

▶ 关联法条

《合同法》

第六十条 当事人应当按照约定全面履行自己的义务。

当事人应当遵循诚实信用原则，根据合同的性质、目的和交易习惯履行通知、协助、保密等义务。

第九十三条 当事人可以约定一方解除合同的条件。解除合同的条件成就时，解除权人可以解除合同。

第九十四条 有下列情形之一的，当事人可以解除合同：

（一）因不可抗力致使不能实现合同目的；

（二）在履行期限届满之前，当事人一方明确表示或者以自己的行为表明不履行主要债务；

（三）当事人一方迟延履行主要债务，经催告后在合理期限内仍未履行；

（四）当事人一方迟延履行债务或者有其他违约行为致使不能实现合同目的；

（五）法律规定的其他情形。

第一百零七条 当事人一方不履行合同义务或者履行合同义务不符合约定的，应当承担继续履行、采取补救措施或者赔偿损失等违约责任。

第一百一十五条 当事人可以依照《中华人民共和国担保法》约定一方向对方给付定金作为债权的担保。债务人履行债务后，定金应当抵作价款或者收回。给付定金的一方不履行约定的债务的，无权要求返还定金；收受定金的一方不履行约定的债务的，应当双倍返还定金。

典型案例 14

借名买房，实际出资人能否要求出名人（登记权利人）转名（过户）给自己？

▶ 法律要点

借名买房，实际出资人与出名人之间签有借名协议的，实际出资人可按协议的约定要求出名人协助办理产权变更登记，但如果实际出资人不具备购房资格的除外。

▶ 案情介绍

王某虽在广州无购房资格，但仍想在广州买房。于是，王某找到了办公室最要好的同事张某，想借用张某的名义购置一套房，条件是免费提供给张某居住。

2016 年 11 月 7 日，王某通过中介公司看中了袁某名下的某小区 303 房（以下称该房屋），便通过中介公司与袁某就购买该房屋的相关条件进行了协商并达成了初步意向。

2016 年 11 月 8 日，王某（甲方）与同事张某（乙方）签订《借名购房协议书》，双方就买卖该房屋达成协议，约定：该房屋是甲方以乙方的名义进行购买，购买该房屋的房款由甲方实际支付，税费也由甲方实际支付，甲方为实际出资人，房屋每月的按揭贷款也由甲方偿还；甲方以乙方名义将该房屋向银行进行按揭贷款，并向有关部门进行产权登记，乙方只作为该房屋名义上的权属人（对该房屋无任何其他权利），该房屋的实际权属为甲方所有（包括所有权、收益权、处置权等）；房屋由乙方暂时使用，使用期间房屋的水、电、电视、电话、煤气等费用由乙方承担；甲方必须保证每月及时向银行支付供楼款，不得拖延、延迟，其因甲方拖欠、延迟供楼款而对乙方造成的一切损失，均由甲方负责；房屋为甲方所购买并实际拥有，乙方在任何时间不得以任何方式、任何理由对该房屋主张或行使任何权益，否则，乙方需以房屋市场价值的双倍向甲方承担赔偿责任；乙方必须保证随时无条件配合甲方将房屋过户至甲方或甲方指定人的名下，产权变更登记所需税费由甲方承担；等等。

2016 年 11 月 9 日，袁某（甲方）与张某（乙方）签订《房屋买卖合同》，合同约定，乙方购买甲方名下的广州市某小区 303 房，房屋总价为 137 万元。并约定，乙方以按揭方式付款，首期款于递件过户当天由乙方支付给甲方，甲乙双方于银行出具同贷书之日起 7 日内办理递件过户手续，等等。

签订合同后，张某向银行办理了按揭申请手续，签订了个人购房借款及担保合同，张某以上述房屋抵押在该银行贷款 90 万元。2016 年 12 月，袁某与张某办理了上述房屋的递件过户手续，按揭银行在出了新房产证并入押后，将 90 万元贷款一次性划入袁某的账号。随后，张某也入住了该房屋。

2017 年 8 月，王某想把房子过户到自己名下并自己居住，便要求张某配合其办理递件过户手续，将房屋过到王某自己名下，但此时张某却以小孩需要户口读书为由，拒绝办理过户手续。双方无法协调，王某最终诉至法院，要求确认该房屋归自己所有，张某协助将房屋过户登记至自己名下。

诉讼过程中，王某向法院提交了《借名购房协议书》、支付楼款、缴纳税费、每月按期供楼的证据。

▶ 争议焦点

1.《借名购房协议书》是否有效？

2. 王某是否有权要求张某将房屋过户登记到自己名下？

▶ 法院判决

法院在审理过程中，要求王某到房管局查询是否符合购房条件，并出具证明文件。经查询，广州市不动产交易登记中心向王某出具了一份王某不具备购房资格的证明文件，确定王某不具备在广州市内购买住房的资格。法院认为，《借名购房协议书》是双方真实意思表示，并未违反法律强制性规定，合法有效。但因王某不符合广州市内购房资格，因此，驳回了王某的全部诉讼请求。

▶ 律师解析

1. 关于借名购房协议的效力问题。

《合同法》第四十四条规定："依法成立的合同，自成立时生效。"该法第五十二条规定："有下列情形之一的，合同无效：（一）一方以欺诈、胁迫的手段订立合同，损害国家利益；（二）恶意串通，损害国家、集体或者第三人利益；（三）以合法形式掩盖非法目的；（四）损害社会公共利益；（五）违反法律、行政法规的强制性规定。"本案《借名购房协议书》是双方的真实意思表示，法律也并没有禁止，因此，既没有违反法律强制性规定，更没有损害任何第三人的利益，是合法有效的。

2. 关于王某是否有权要求张某办理过户登记的问题。

经法院审理确认了王某实际购房但挂名在张某名下的事实，张某对此也予以承认，对于借名人要求将所购房屋过户到自己名下这一问题，《广东省高级人民法院印发〈关于审理房屋买卖合同纠纷案件的指引〉的通知》（下称《通知》）第二十八条规定，"借他人名义购买房屋，借名人请求确认房屋归其所有的，不予支持。借名人请求出名人（登记权利人）协助办理房屋所有权转移登记的，可予支持，但房屋在限购范围内，借名人不具有购房资格的除外”。根据上述规定，即使《借名购房协议书》具有法律效力，但因王某不具备广州市购房资格，法院也不能违背国家限购政策的要求，因此王某在《借名购房协议书》中约定的权利因违反国家限购政策而无法得到实现。

根据上述《通知》的规定，假设王某在起诉时已经具备了购房资格，那么，在确定王某与张某双方之间确实存在借名购房协议的基础上，王某根据协议约定要求张某协助办理过户登记手续，是可以得到支持的。

综上所述，借名购房协议只要是双方真实意思表示，且不违反法律强制性的规定，是具有法律效力的。但并非所有的借名购房协议都能得到法律的支持。借名购房协议是否能够得到支持，权利是否能够实现，还要取决于借名人是否符合当地的限购政策要求。任何人均不得以“借名”为由规避国家限购政策，曲线买房。

▶ 关联法条

1.《合同法》

第四十四条 依法成立的合同，自成立时生效。

第五十二条 有下列情形之一的，合同无效：

（一）一方以欺诈、胁迫的手段订立合同，损害国家利益；

（二）恶意串通，损害国家、集体或者第三人利益；

（三）以合法形式掩盖非法目的；

（四）损害社会公共利益；

（五）违反法律、行政法规的强制性规定。

第六十条 当事人应当按照约定全面履行自己的义务。

当事人应当遵循诚实信用原则，根据合同的性质、目的和交易习惯履行通知、协助、保密等义务。

2.《广东省高级人民法院印发〈关于审理房屋买卖合同纠纷案件的指引〉的通知》

二十八、借他人名义购买房屋，借名人请求确认房屋归其所有的，不予支持。

借名人请求出名人（登记权利人）协助办理房屋所有权转移登记的，可予支持，但房屋在限购范围内，借名人不具有购房资格的除外。

典型案例 15

签订房屋买卖合同之后，业主又私自以交易房屋办理了二次抵押进行贷款，买方能否以此为由拒绝按合同约定支付首期款？

▶ 法律要点

签订房屋买卖合同之后，在买方不知情的情况下，业主又在交易房产上设定二次抵押进行贷款，该行为影响了交易安全及流程，加大了买方的交易风险，买方有权行使不安履行抗辩权，暂停支付房款，直至业主涂销二次抵押。若业主未及时涂销二次抵押的，买方有权要求解除合同并要求业主承担违约责任。

▶ 案情介绍

宁某系广州市某小区 701 室房屋（下称该房屋）登记的产权人。该房屋上设定有某银行的抵押权，债权数额为人民币 80 万元。

2017 年 1 月 10 日，王某经中介公司居间，与宁某签订《房屋买卖合同》，双方约定宁某以人民币 280 万元向王某出售该房屋，王某于签订合同当天向宁某支付 10 万元购房定金，并约定由王某出资赎契，宁某于签订合同之日起 7 天内向银行申请提前还款，王某在银行通知还款之日起 3 天内向宁某支付 80 万元首期款（含定金）用于偿还宁某所欠银行贷款，宁某不得挪用该款项；还清贷款且宁某取得银行涂销抵押资料之日起 5 日内，双方共同到房管局办理递件过户手续；取得受理回执当天，王某向宁某支付 190 万元房款；双方于递件成功之日起 5 天内办理交房手续，王某于收房当天向宁某支付剩余 10 万元尾款。

签订合同当天，王某向宁某支付了 10 万元购房定金，宁某于签订合同次日向银行申请了提前还款。2017 年 3 月 1 日，宁某收到银行提前还款的通知，宁某即通知王某向其支付 70 万元首期款。王某为了安全起见，在支付 70 万元首期款前，让中介公司人员到房管局进行了查册。然而，查册发现，该房屋于 2017 年 1 月 19 日又办理了二次抵押登记，抵押权人为某小额贷款公司，抵押权金额为 100 万元。

得知该情况后，王某以宁某未经其同意的情况下在交易房屋上又办理了二次抵押，改变了交易的条件，增加了交易风险为由，拒绝向宁某支付首期款 70 万元，并要求宁某还清二押所欠款项，涂销了二押后再继续进行交易。

而宁某却认为，房屋未办理过户登记手续，宁某仍是该房屋的所有权人，产权未因合同签订而发生转移，宁某仍有权行使其对房屋的权利，包括设定抵押权，且二次抵押所借的款项，其有能力自行还清，只要其保证房屋能正常过户至王某名下，宁某就不能算违约。而王某拒绝按合同约定支付首期款，已构成违约。

双方多次进行磋商未果后，王某向法院提起诉讼，要求解除双方签订的《房屋买卖合同》、宁某返还购房定金 10 万元，并按总楼价的 10% 承担违约责任。而宁某亦提起反诉，表示同意解除《房屋买卖合同》，但没收定金，并要求王某按总楼价的 10% 承担违约责任。

▶ 争议焦点

1. 宁某在签署《房屋买卖合同》后擅自将涉案房屋二次抵押贷款，是否构成违约？

2. 王某是否有权拒付首期款？

▶ 法院判决

法院经审理认为，宁某在签订《房屋买卖合同》之后设定了二次抵押，改变了房屋的产权状态，严重影响了交易安全，加大了王某的交易风险。经王某催告后，宁某仍拒绝改正。因此，王某要求解除《房屋买卖合同》并要求宁某承担违约责任合理合法。法院最终判决解除双方签订的《房屋买卖合同》，宁某向王某退 10 万元定金，并向王某支付 28 万元违约金。同时，驳回了宁某的全部诉讼请求。

▶ 律师解析

1. 对于王某是否有权拒付首期款的问题。

双方签订《房屋买卖合同》后，双方的买卖合意已经达成。双方签订买卖合同时，房屋只存在一个抵押登记。双方是依据当时的房屋状态而签订的房屋买卖合同，所约定的条款也是针对当时的房屋状态进行协议确定的。在签订合同后，宁某在王某不知情的情况下，又再次在房屋上设定二次抵押，显然不符合交易的诚信原则。这一行为改变了房屋的原有权属状态，严重影响了交易安全和交易流程。

《合同法》第六十八条规定："应当先履行债务的当事人，有确切证据证明对方有下列情形之一的，可以中止履行：（一）经营状况严重恶化；（二）转移财产、抽逃资金，以逃避债务；（三）丧失商业信誉；（四）有丧失或者可能丧失履行债务能力的其他情形。"本案中，王某提供的查册表显示，宁某在签订合同之后又设定了二次抵押，且金额高达 100 万元，可以证明宁某有丧失或者可能丧失履行能力的风险，王某有权行使不安履行抗辩权，暂停向其支付首期款。

2. 对于如果合同无法继续履行的，哪一方是违约方的问题。

如前所述，王某基于不安履行抗辩权具有中止付款的权利，宁某不能因此而追究王某的法律责任。而基于诚实信用原则，宁某应及时涂销房屋的二次抵押，消除交易障碍，保障交易的顺利履行。《合同法》第六十九条规定："当事人依照本法第六十八条的规定中止履行的，应当及时通知对方。对方提供适当担保时，应当恢复履行。中止履行后，对方在合理期限内未恢复履行能力并且未提供适当担保的，中止履行的一方可以解除合同。"该法第一百零七条规定："当事人一方不履行合同义务或者履行合同义务不符合约定的，应当承担继续履行、采取补救措施或者赔偿损失等违约责任。"本案中，由于宁某未能及时消除障碍导致涉案房屋交易无法继续履行，责任在于宁某，因此，王某有权要求解除合同，并要求宁某承担相应的违约责任。

▶ 关联法条

《合同法》

第六十六条　当事人互负债务，没有先后履行顺序的，应当同时履行。一方在对方履行之前有权拒绝其履行要求。一方在对方履行债务不符合约定时，有权拒绝其相应的履行要求。

第六十七条　当事人互负债务，有先后履行顺序，先履行一方未履行的，后履行一方有权拒绝其履行要求。先履行一方履行债务不符合约定的，后履行一方有权拒绝其相应的履行要求。

第六十八条　应当先履行债务的当事人，有确切证据证明对方有下列情形之一的，可以中止履行：

（一）经营状况严重恶化；

（二）转移财产、抽逃资金，以逃避债务；

（三）丧失商业信誉；

（四）有丧失或者可能丧失履行债务能力的其他情形。

当事人没有确切证据中止履行的，应当承担违约责任。

第六十九条 当事人依照本法第六十八条的规定中止履行的，应当及时通知对方。对方提供适当担保时，应当恢复履行。中止履行后，对方在合理期限内未恢复履行能力并且未提供适当担保的，中止履行的一方可以解除合同。

第一百零七条 当事人一方不履行合同义务或者履行合同义务不符合约定的，应当承担继续履行、采取补救措施或者赔偿损失等违约责任。

典型案例 16

业主反悔不同意继续交易，且交易房屋尚有银行按揭贷款未还清，买方还能否通过法院判决继续履行合同？

▶ 法律要点

房屋买卖交易过程中，业主反悔不想卖了，且交易房屋尚有银行按揭贷款未还清，业主又不配合办理提前还款及涂销手续，可买方仍想继续交易将房屋过户。若买方愿意出资帮业主提前偿还银行贷款，且该交易具备其他继续履行条件的，可以向法院起诉要求继续交易并完成过户交易手续。

▶ 案情介绍

2016 年 11 月 9 日，雷某（卖方）与陈某（买方）在中介公司的居间下，签订了《房屋买卖合同》，约定买方陈某购买卖方雷某名下的位于广州市中心城区某小区 203 室物业，买卖双方同意成交价为 200 万元，交易税费由买方负责，若买卖任何一方未按合同约定时间办理有关手续、支付房款或交付房屋的，逾期违约方每日按总房款 0.05% 的标准向守约方支付违约金，逾期超过 5 天仍未履行的，则属违约，违约方须向守约方支付楼价 10% 的违约金；买卖双方另行在备注栏里约定：买方以一次性付款的方式支付房款，签订合同当天支付 5 万元作为定金；签署本协议后 7 日内卖方向贷款银行申请提前还款，买方于 2017 年 1 月 31 日前支付部分楼款 55 万元用于代卖方进行提前还款；剩余 140 万元于过户递件当天支付。

卖方雷某签订合同前以案涉房屋为抵押，在银行抵押贷款 60 万元，签订合同时，抵押贷款尚未还清，房屋仍存在抵押登记。

签订合同当天，陈某以现金形式向雷某支付了 5 万元定金。

2017 年 1 月初，陈某要求雷某提供供楼账号，由于此时广州市城区房价处于快速上涨的形势，因此，雷某早就不想继续交易了，便以各种理由拒绝提供银行还款账号。双方经过多次沟通未果，导致陈某未在 2017 年 1 月 31 日前向雷某支付 55 万元。

2017 年 2 月 26 日，雷某竟以双方签订的《房屋买卖合同》未经抵押权人同意为由主张该《房屋买卖合同》无效，即便有效，陈某未按时付款，构成违约，该合同也应当被解除。因此，雷某向法院起诉要求确认《房屋买卖合同》无效。

接到法院的起诉材料后，陈某亦向法院提起反诉，表示愿意继续履行合同代雷某提前偿还银行贷款，在办理完涂销抵押手续后，要求雷某将房屋过户至陈某名下，同时还要求雷某按合同约定支付违约金。

诉讼过程中，法院将贷款银行追加为第三人，贷款银行表示，只要还清银行贷款，其愿意配合办理涂销抵押手续。

▶ 争议焦点

1. 合同的签订未经抵押权人的同意，是否无效？

2. 案涉房屋仍存在抵押权的情况下，陈某要求继续履行合同是否可以得到支持？

▶ 法院判决

法院经审理后认为，双方签订的《房屋买卖合同》是合法有效的，交易房屋存在抵押权，在抵押权被涂销前是无法完成过户手续的，但买方愿意出资偿还银行贷款并涂销抵押，消除了过户交易的障碍，亦能实现合同目的，而卖方雷某拒绝提供收款账户信息的行为已经构成违约，应承担违约责任。因此，法院最终判决，由买方陈某出资偿还银行贷款，贷款银行配合办理涂销抵押手续，在完成涂销抵押手续后，卖方雷某配合办理过户交易手续，卖方雷某需向买方支付违约金。

▶ 律师解析

1. 关于未经抵押权人的同意，是否会导致买卖合同无效的问题。

《合同法》第五十二条规定："有下列情形之一的，合同无效：……（五）违反法律、行政法规的强制性规定。"根据《担保法》第四十九条规定："抵押期间，抵押人转让已办理登记的抵押物的，应当通知抵押权人并告知受让人转让物已经抵押的情况；抵押人未通知抵押权人或者未告知受让人的，转让行为无效。"有人认为，根据《担保法》该条的规定，未经抵押权人同意的买卖合同无效；也有人认为，《担保法》第四十九条约束的只是转移登记的行为，即物业在存在抵押的情况下，必须消除了抵押权之后，才能办理产权过户变更登记，但买卖合同本身的效力，不受影响。笔者倾向于后者，《担保法》第四十九条的规定，转让行为应特指为产权转移登记，而非签订买卖合同，其约束的是转移产权登记的行为，而买卖合同的设定不必然导致产权转移，而只意在设定买卖双方的权利义务，不产生物权变更的效力。但买卖双方自愿设定权利义务的"承诺"，本身是有效的。该法条也并非《合同法》第五十二条所指的"强制性规定"。

本案中，双方签订的《房屋买卖合同》之效力认定问题，虽雷某（抵押人）未经贷款银行同意而订立《房屋买卖合同》，但合同约定并未违反法律法规的强制性规定，即使未经抵押权人同意，雷某、陈某所签订的《房屋买卖合同》仍具有法律效力。抵押权人是否同意，只对合同是否能够继续履行产生影响，不影响合同的效力。

2. 关于案涉房屋仍存在抵押权的情况下，陈某是否可以要求继续履行合同的问题。

《物权法》第一百九十一条规定："抵押期间，抵押人经抵押权人同意转让抵押财产的，应当将转让所得的价款向抵押权人提前清偿债务或者提存。转让的价款超过债权数额的部分归抵押人所有，不足部分由债务人清偿。抵押期间，抵押人未经抵押权人同意，不得转让抵押财产，但受让人代为清偿债务消灭抵押权的除外。"《广东省高级人民法院印发〈关于审理房屋买卖合同纠纷案件的指引〉的通知》第二十条规定："合同项下房屋设定的抵押权未消灭，买受人请求出卖人依照房屋买卖合同的约定办理房屋所有权转移登记的，人民法院可以向其释明变更诉讼请求或代为清偿债务消灭抵押权后办理房屋所有权转移登记或解除合同、赔偿损失。"

根据上述法律法规的规定，本案中，如果陈某愿意代为清偿雷某的债务，消灭在物业上设定的抵押权，之后可以照常办理房屋所有权转移登记手续，合同继续履行不存在障碍，而且，亦不损害卖方雷某收取楼款的权利，也维护了交易的稳定和诚信的社会核心价值观。因此，案涉房屋仍存在抵押权的情况下，若陈某愿意代为清偿债务，其要求继续履行合同的诉求是可以得到支持的。

▶ 关联法条

1.《合同法》

第五十二条 有下列情形之一的，合同无效：

（一）一方以欺诈、胁迫的手段订立合同，损害国家利益；

（二）恶意串通，损害国家、集体或者第三人利益；

（三）以合法形式掩盖非法目的；

（四）损害社会公共利益；

（五）违反法律、行政法规的强制性规定。

2.《物权法》

第十五条 当事人之间订立有关设立、变更、转让和消灭不动产物权的合同，除法律另有规定或者合同另有约定外，自合同成立时生效；未办理物权登记的，不影响合同效力。

第一百九十一条 抵押期间，抵押人经抵押权人同意转让抵押财产的，应当将转让所得的价款向抵押权人提前清偿债务或者提存。转让的价款超过债权数额的部分归抵押人所有，不足部分由债务人清偿。

抵押期间，抵押人未经抵押权人同意，不得转让抵押财产，但受让人代为清偿债务消灭抵押权的除外。

3.《担保法》

第四十九条 抵押期间，抵押人转让已办理登记的抵押物的，应当通知抵押权人并告知受让人转让物已经抵押的情况；抵押人未通知抵押权人或者未告知受让人的，转让行为无效。

转让抵押物的价款明显低于其价值的，抵押权人可以要求抵押人提供相应的担保；抵押人不提供的，不得转让抵押物。

抵押人转让抵押物所得的价款，应当向抵押权人提前清偿所担保的债权或者向与抵押权人约定的第三人提存。超过债权数额的部分，归抵押人所有，不足部分由债务人清偿。

4.《最高人民法院关于适用〈中华人民共和国担保法〉若干问题的解释》

第六十七条 抵押权存续期间，抵押人转让抵押物未通知抵押权人或者未告知受让人的，如果抵押物已经登记的，抵押权人仍可以行使抵押权；取得抵押物所有权的受让人，可以代替债务人清偿其全部债务，使抵押权消灭。受让人清偿债务后可以向抵押人追偿。

如果抵押物未经登记的，抵押权不得对抗受让人，因此给抵押权人造成损失的，由抵押人承担赔偿责任。

5.《广东省高级人民法院印发〈关于审理房屋买卖合同纠纷案件的指引〉的通知》

二十、合同项下房屋设定的抵押权未消灭，买受人请求出卖人依照房屋买卖合同的约定办理房屋所有权转移登记的，人民法院可以向其释明变更诉讼请求或代为清偿债务消灭抵押权后办理房屋所有权转移登记或解除合同、赔偿损失。

典型案例 17

房屋过户后，业主拒绝迁出户口，买方如何自救？

▶ 法律要点

房屋买卖合同如约定卖方在一定期限内必须迁出交易房屋下的

所有挂靠户口，卖方逾期未迁出的，买方无法强制迁出卖方原有挂靠户口，但买方可根据合同的约定追究卖方逾期迁出的违约金。

▶ 案情介绍

2015 年 6 月 10 日，何某（买方）与林某（卖方）和广州市某房地产代理有限公司（中介公司）签订《房屋买卖合同》，约定：卖方将其所有的某小区 601 房（下称该房屋）出售给买方；总价为 350 万元；买卖双方任何一方违约，包括但不限于逾期支付房款、逾期办理过户手续、逾期交付该物业的，或者未能按时履行本合同约定的其他义务，每逾期一天，须按该物业成交价的 0.05% 向守约方支付违约金；另外，双方还约定，业主必须保证产权清晰，房产证过五年，且自行赎契；业主保证该物业原有户口于 2015 年 12 月 30 日前迁出；等等。

上述《房屋买卖合同》签订后，林某依约将房屋过户至何某名下并向其交付了涉案房屋，何某向林某付清所有房款。

然而，买方何某发现，林某在收齐房款后却并没有将涉案房屋下挂的户口迁走，该房屋上一任业主蔡某（卖方林某之前的业主）一家三口的户口仍挂在该房屋之下，一直未迁出。直至合同约定的 2015 年 12 月 30 日，房屋原有户口仍未迁出。何某多次与林某沟通，林某也找到上一任业主蔡某进行沟通，都没有得到解决。林某认为，原有户口不在自身的掌控范围内，其无权决定迁出与否，其只能保证自己家人的户口不在涉案房屋下就可以了；而何某认为，当时约定学位没有被占用、业主须迁出房屋户口等条款，目的就是要将自己的户口迁入该房屋，并能够让孩子顺利入学，林某有义务将该房屋内所有户口均迁出，并保证该房屋无任何户口挂靠。何某与林某双方分歧较大。

无奈之下，2016 年 4 月 15 日，何某向法院提起诉讼，请求判令林某将案涉房屋的上一任业主蔡某一家三口户籍迁出，并要求林某向其支付违约金（以 350 万元为基数，按每日 0.05% 的标准计算，自 2015 年 12 月 30 日起计至被告将案涉房屋户口迁出之日止）。

▶ 争议焦点

1. 该房屋上一任业主蔡某一家三口的户口未迁出，是否属于林某的责任？

2. 何某是否有权起诉要求林某将户口迁出？

3. 林某是否需要承担违约责任？

▶ 法院判决

法院经审理认为，对于何某要求林某迁出户口的诉讼请求，因不属于法院的管辖范围，不予处理。对于何某要求林某支付违约金的请求，法院认为林某确实构成违约，应当承担违约责任。但由于林某无权强制迁出案外人的户口，户口迁出的时间不在林某掌控范围内，再结合何某的实际损失，违约金酌情认定为最高不超过 5 万元。因此，法院判决林某向何某支付违约金（违约金以 350 万元为基数，按银行同期贷款利率计算，自 2015 年 12 月 30 日起计至被告将案涉房屋全部户口迁出之日止，以 5 万元为限）。

▶ 律师解析

1. 关于何某起诉要求林某将案涉房屋上任业主蔡某一家三口的户籍迁出的诉讼请求问题。

《中华人民共和国户口登记条例》（下称《户口登记条例》）第三条的规定："户口登记工作，由各级公安机关主管。"《广东省高级人民法院印发〈关于审理房屋买卖合同纠纷案件的指引〉的通知》第三十五条规定："存量房屋的买受人起诉请求出卖人迁出户籍，不属于民事案件的受理范围。"因此，户口迁移的诉讼请求不在法院处理的范围内，法院对此没有管辖权，法院通常不予立案或立案后驳回起诉，何某只能向公安机关申请处理。实践中，公安机关的户籍管理部门通常不会将房屋下挂的他人户口强制迁移。

2. 关于该房屋上一任业主的户口未迁出，林某是否需要承担违约责任的问题。

何某、林某及中介公司签订的《房屋买卖合同》，内容没有违反法律、行政法规的强制性规定，合法有效，三方当事人均应依约履行。

关于林某应否对案涉房屋挂有案外人蔡某等三人户口承担相应法律责任的问题，依照《房屋买卖合同》的约定，林某应保证案涉房屋原有户口于 2015 年 12 月 30 日前迁出，原有户口既包括其自己家庭的户口，也应包括前任业主家庭的户口。虽然在现实操作中，林某无权向公安机关申请将蔡某等三人的户口迁出，但由于林某与何某签订《房屋买卖合同》时是明知案涉房屋挂有案外人户口的，仍然许下迁出户口的承诺，且该约定并不违反法律法规的强制性规定，故林某需对作出的上述承诺承担相应的法律责任。且户口问题确实与孩子入学、就业、婚姻、办理证件等日常生活事宜息息相关，而户口落户与房屋有密切联系，对于买卖房屋这种大宗交易，房屋挂有外人户口确实会对买卖双方交易意愿和成交价格产生影响。《广东省高级人民法院印发〈关于审理房屋买卖合同纠纷案件的指引〉的通知》第三十五条规定："出卖人迁出户籍对房屋买卖合同的订立和房屋价格的确定有重大影响，买受人因出卖人拒不迁出户籍主张解除合同并赔偿损失的，应予支持。"涉案房屋现仍挂有蔡某等三人的户口，显然林某未能依约履行自己的义务，何某也无法实现其合同目的，林某的行为已构成违约，因此林某应对此承担相应的法律责任。

《房屋买卖合同》第六条约定"林某未能按时履行合同约定的其他义务，每逾期一天，须按该物业成交价的 0.05% 向何某支付违约金"，该条款是双方真实意思表示，何某有权按照该条款的约定向林某追讨违约金。但在实际操作中，由于林某确实无权向公安机关申请将挂在案涉房屋的案外人户口迁出，即使是作为现业主的何某也无权申请将旧业主户口迁出，旧业主户口是否迁出，均不在林某或何某的掌控范围。《合同法》第一百一十四条规定："当事人可以约定一方违约时应当根据违约情况向对方支付一定数额的违约金，也可以约定因违约产生的损失赔偿额的计算方法。约定的违约金低于造成的损失的，当事人可以请求人民法院或者仲裁机构予以增加；约定的违约金过分高于造成的损失的，当事人可以请求人民法院或者仲裁机构予以适当减少。"在此情况下，若法院认为违约金的金额过高的，法院有可能会对违约金的金额酌情作出调整，或作一个最高额的限制。

▶ 关联法条

1.《户口登记条例》

第三条 户口登记工作，由各级公安机关主管。

2.《合同法》

第八条 依法成立的合同，对当事人具有法律约束力。当事人应当按照约定履行自己的义务，不得擅自变更或者解除合同。

依法成立的合同，受法律保护。

第六十条 当事人应当按照约定全面履行自己的义务。

第一百零七条 当事人一方不履行合同义务或者履行合同义务不符合约定的，应当承担继续履行、采取补救措施或者赔偿损失等违约责任。

第一百一十三条 当事人一方不履行合同义务或者履行合同义务不符合约定，给对方造成损失的，损失赔偿额应当相当于因违约所造成的损失，包括合同履行后可以获得的利益，但不得超过违反合同一方订立合同时预见到或者应当预见到的因违反合同可能造成的损失。

第一百一十四条 当事人可以约定一方违约时应当根据违约情况向对方支付一定数额的违约金，也可以约定因违约产生的损失赔偿额的计算方法。

约定的违约金低于造成的损失的，当事人可以请求人民法院或者仲裁机构予以增加；约定的违约金过分高于造成的损失的，当事人可以请求人民法院或者仲裁机构予以适当减少。

3.《广东省高级人民法院印发〈关于审理房屋买卖合同纠纷案件的指引〉的通知》

三十五、存量房屋的买受人起诉请求出卖人迁出户籍，不属于民事案件的受理范围。出卖人迁出户籍对房屋买卖合同的订立和房屋价格的确定有重大影响，买受人因出卖人拒不迁出户籍主张解除合同并赔偿损失的，应予支持。

典型案例 18

房产证登记在夫妻一方名下，另一方能否以交易房屋为夫妻共有财产未经其同意为由，主张房屋买卖合同无效？

▶ 法律要点

房产证登记在夫妻一方名下的，房屋买卖合同只有产权登记人一人签名，另一方虽未签名的，但房屋买卖合同是依法有效的。卖方以夫妻共同财产另一方虽未签名为由拒绝履行合同的，买方有权依法要求继续履行合同，并有权追究卖方相应的违约责任。

▶ 案情介绍

2016 年 12 月 5 日，马某（买方）与吴某（卖方）、中介公司签订《房屋买卖合同》，约定吴某以155万元的价格向马某出售其名下某花园401房，买方一次性付款，签订合同当天支付定金5万元，剩余150万元于过户当天一次性付清，双方于2017年5月1日前备齐交易所需资料到广州市房地产交易中心办理递件过户手续，卖方于收齐房款同时将房屋钥匙交付给买方装修、使用，卖方保证该房产是过五年且唯一物业，同时，还约定买卖双方任何一方未按合同约定时间办理有关手续的，每逾期一日按总楼价的0.01%向守约方支付违约金，逾期超过10天则属根本违约，守约方有权解除合同，违约方需向守约方承担定金责任或支付楼价的10%作为违约，等等。

签订合同当天，吴某向马某出示房产证原件，房产证记载着吴某为该房屋唯一的产权人，单独所有。

签订合同后一周左右，吴某突然向马某提出该房屋不能再出售给马某，理由是，其家人得知其出售该房产后极力反对，该房产虽然登记在吴某名下，实际为家庭唯一的住房，全家人都居住在该房屋内，且该房产属于夫妻共同财产，其妻子坚决不同意将该房产出售，因此吴某表示该房屋不能再继续出售给马某，并强调房屋买卖合同因其妻子未签名而无效。马某不认可合同无效，也不同意解除合同，坚决要求继续履行房屋买卖合同。

双方争持不下，最终马某将吴某起诉至法院，请求法院判决双方继续履行《房屋买卖合同》将房屋过户至马某名下，并请求法院判决吴某每日按总楼价的0.01%支付违约金直至其配合办理相关交易手续时止。

庭审过程中，法院通知吴某的妻子蔡某作为共同被告参与诉讼。蔡某提出，该房屋为婚后所购，虽登记在吴某名下，但却为夫妻共同财产，现未经其同意，其配偶吴某无权独自签订《房屋买卖合同》，该合同因损害了其利益而无效。

▶ 争议焦点

1. 作为共有权人之一，吴某的妻子蔡某未签订《房屋买卖合同》，合同是否有效？

2. 业主能否以其妻子蔡某不同意作为理由要求解除合同？

3. 马某是否可以要求吴某继续履行合同并承担违约责任？

▶ 法院判决

法院经审理查明，马某在合同履行过程中不存在任何违约或过错行为，涉案房屋具备继续交易条件，马某在诉讼过程中亦已将全部楼款按法院要求转入法院账户代为保管作为履约担保，且马某亦符合限购政策要求，具备购房资格。因此，法院判决双方继续履行《房屋买卖合同》，吴某将案涉房屋过户至马某名下，同时判决吴某每日按总楼价的万分之一向马某承担违约金，直至涉案房屋过户于马某名下止。

▶ 律师解析

1. 关于合同的效力问题。

根据《合同法》第四十四条的规定“依法成立的合同，自成立时生效”，涉案《房屋买卖合同》是双方真实意思表示，没有违反法律强制性的规定，是合法有效的。

即使该房屋为夫妻共有财产，吴某单独处理该房屋可能对其配偶的权利造成影响，但根据《最高人民法院关于审理买卖合同纠纷案件适用法律问题的解释》第三条的规定“当事人一方以出卖人在缔约时对标的物没有所有权或者处分权为由主张合同无效的，人民法院不予支持”以及《广东省高级人民法院印发〈关于审理房屋买卖合同纠纷案件的指引〉的通知》第七条的规定“当事人以房屋买卖合同存在下列情形之一为由主张合同无效的，不予支持：……（五）部分共有人擅自出卖共有房屋的；……”合同并不因此而无效。

从上述规定可以看出，吴某妻子蔡某未签字，不影响本案《房屋买卖合同》的效力。吴某与马某签订合同并作出相关约定，相当于吴某向马某作出了承诺，吴某对房屋是否享有合法的权利，不影响吴某自愿作出承诺的法律效力。退一步来讲，哪怕签订合同的时候吴某对该房子不享有任何权利，双方约定只要没有违反任何法律强制性的规定，吴某与马某签订的买卖合同就仍然有效。

2. 卖方吴某能否以未经其配偶同意为由解除合同?

《物权法》第十七条规定：“不动产权属证书是权利人享有该不动产物权的证明。不动产权属证书记载的事项，应当与不动产登记簿一致；记载不一致的，除有证据证明不动产登记簿确有错误外，以不动产登记簿为准。”不动产权证是对外宣示所有权的合法证明，根据房产证上登记的信息显示，吴某是该房屋登记的权利人，且为单独所有。马某有足够的理由相信，吴某对该房屋享有完整的所有权。而作为买方只能凭不动产登记信息判断房屋的产权情况，吴某与其妻子蔡某之间的约定，不能对抗善意买受人。而至于吴某提出的“家庭唯一的住房”或“实际出资人不是产权人本人”等，均不属于合法解除合同的理由。

3. 马某要求吴某继续履行合同是否能够得到支持?

对于夫妻共有财产由一方擅自出售时，买方是否能够要求卖方继续履行合同的情形，《广东省高级人民法院印发〈关于审理房屋买卖合同纠纷案件的指引〉的通知》第十九条规定：“夫妻一方擅自出售共有房屋，买受人要求继续履行合同办理房屋所有权转移登记的，人民法院应当依照《最高人民法院关于适用〈中华人民共和国民事诉讼法〉的解释》第七十三条的规定通知夫妻另一方作为共同被告参加诉讼。”本案中，法院依法通知吴某的妻子蔡某参加庭审，庭审过程中，吴某妻子蔡某确认当时知道吴某出售案涉房产。既然吴某妻子蔡某对吴某出售案涉房产是知情的，且案涉房屋只登记在吴某一人名下，作为买受人的马某有理由相信吴某有权出售涉案房屋。而且，案涉房屋虽为夫妻共同财产，但当时办理产权证时，夫妻双方同意将产权证仅登记在吴某一人名下，说明妻子蔡某是同意并授权吴某可以独立处分案涉房屋的，至于其妻蔡某认为吴某的行为损害其利益的，可以另行向吴某主张权利。

《合同法》第一百零七条规定：“当事人一方不履行合同义务或者履行合同义务不符合约定的，应当承担继续履行、采取补救措施或者赔偿损失等违约责任。”《合同法》第一百一十四条规定：“当事人可以约定一方违约时应当根据违约情况向对方支付一定数额的违约金，也可以约定因违约产生的损失赔偿额的计算方法。……当事人就迟延履行约定违约金的，违约方支付违约金后，还应当履行债务。”本案中，案涉房屋不存在司法查封，马某已将全部购房款转入法院账户作为履约担保、其亦具备购房资格，且马某不存在任何违约行为，房屋买卖合同具备继续履行的条件。作为守约方的马某，有权要求吴某继续履行合同，并承担迟延履行的违约责任。

▶ 关联法条

1.《最高人民法院关于审理买卖合同纠纷案件适用法律问题的解释》

第三条 当事人一方以出卖人在缔约时对标的物没有所有权或者处分权为由主张合同无效的，人民法院不予支持。

2.《物权法》

第十七条 不动产权属证书是权利人享有该不动产物权的证明。不动产权属证书记载的事项，应当与不动产登记簿一致；记载不一致的，除有证据证明不动产登记簿确有错误外，以不动产登记簿为准。

3.《合同法》

第八条 依法成立的合同，对当事人具有法律约束力。当事人应当按照约定履行自己的义务，不得擅自变更或者解除合同。

依法成立的合同，受法律保护。

第六十条 当事人应当按照约定全面履行自己的义务。

当事人应当遵循诚实信用原则，根据合同的性质、目的和交易习惯履行通知、协助、保密等义务。

第一百零七条 当事人一方不履行合同义务或者履行合同义务

不符合约定的，应当承担继续履行、采取补救措施或者赔偿损失等违约责任。

第一百一十条 当事人一方不履行非金钱债务或者履行非金钱债务不符合约定的，对方可以要求履行，但有下列情形之一的除外：

（一）法律上或者事实上不能履行；

（二）债务的标的不适于强制履行或者履行费用过高；

（三）债权人在合理期限内未要求履行。

第一百一十四条 当事人可以约定一方违约时应当根据违约情况向对方支付一定数额的违约金，也可以约定因违约产生的损失赔偿额的计算方法。

约定的违约金低于造成的损失的，当事人可以请求人民法院或者仲裁机构予以增加；约定的违约金过分高于造成的损失的，当事人可以请求人民法院或者仲裁机构予以适当减少。

当事人就迟延履行约定违约金的，违约方支付违约金后，还应当履行债务。

4.《广东省高级人民法院印发〈关于审理房屋买卖合同纠纷案件的指引〉的通知》

七、当事人以房屋买卖合同存在下列情形之一为由主张合同无效的，不予支持：

（一）出卖人未领取权属证书的；

（二）买卖未经抵押权人同意的；

（三）买卖未经预告登记权利人同意的；

（四）房屋被国家机关依法采取查封等强制措施的；

（五）部分共有人擅自出卖共有房屋的；

（六）按份共有人违反法律规定转让其份额，侵害其他共有人优先购买权的；

（七）出租人违反法律规定出售房屋，侵害承租人优先购买权的；

（八）违反政府房地产市场调控政策，但不违反法律、行政法规效力性强制性规定或者公序良俗的。

十九、夫妻一方擅自出卖共有房屋，买受人要求继续履行合同办理房屋所有权转移登记的，人民法院应当依照《最高人民法院关于适用〈中华人民共和国民事诉讼法〉的解释》第七十三条的规定通知夫妻另一方作为共同被告参加诉讼。

买受人也可以申请追加夫妻另一方作为共同被告参加诉讼。买卖合同因出卖人没有处分权不能履行的，人民法院可以向买受人释明变更诉讼请求为解除合同、赔偿损失。但有以下情形之一的，可以判决合同继续履行：

（一）夫妻另一方追认买卖合同的；

（二）买受人举证证明夫妻另一方知道而未表示反对的；

（三）买受人已经按照合同约定支付价款，并占有使用房屋，夫妻另一方未在合理期间提出异议的；

（四）有其他情形，可以认定买受人属于《最高人民法院关于适用〈中华人民共和国婚姻法〉若干问题的解释（一）》第十七条规定的“有理由相信其为夫妻双方共同意思表示的”。

夫妻一方擅自出卖登记在自己一方名下的共有房屋，已经办理所有权转移登记，另一方请求追回房屋的，依照善意取得的规定审查。

第三篇

03

房屋租赁纠纷典型案例

典型案例 19

租客拖欠租金或物业管理费或水电费，业主有权停水停电并解除租赁合同吗？

▶ 法律要点

若租赁合同中约定承租人拖欠租金或物业管理费等费用，业主有权停水停电的，那么从其约定，出租人不必对承租人因停水停电所遭受的损失承担责任。

▶ 案情介绍

2016 年 4 月 6 日，广州市某餐饮服务有限公司（承租方，下称餐饮公司）通过中介公司与广州市某投资有限公司（出租方，下称投资公司）签订了《商铺租赁合同》，约定由承租方餐饮公司承租出租方投资公司所有的位于市区某广场裙楼二层 B2035 房用于经营港式茶餐厅，租赁场地约 385 平方米，月租金 8 万元（不含税），租期三年，免租期一个月，自 2016 年 5 月 6 日起计租，每年租金递增 5%。租赁期限内，租赁场地的物业管理费、水电费、垃圾处理费、网络费等所有费用均由承租方餐饮公司承担并直接支付。签订本合同，承租方餐饮公司需支付两个月押金和两个月租金共 32 万元，每月租金于当月的5日前以银行转账形式一次性支付，逾期支付租金的，承租方餐饮公司每逾期一日按应付租金0.05%的标准支付滞纳金。同时，合同中还约定如承租方餐饮公司拖欠租金、物业管理费、水费、电费、网络费等费用达到押金的50%，出租方投资公司即有权采取停水停电措施并有权解除合同，同时可追究承租方的违约责任。

2016年5月10日，承租方餐饮公司经营的港式茶餐厅开业了。

2016年12月5日，到了承租方餐饮公司该交租金的日期了，但出租方投资公司并没有收到当月的租金。出租方投资公司即催促承租方餐饮公司按期支付租金，承租方餐饮公司称，因生意差，公司资金周转有些困难，请求宽限10天。

2016年12月15日，出租方投资公司仍未收到承租方餐饮公司支付的租金。经向物业管理公司了解，该公司已经三个月未支付物业管理费、排污费、垃圾处理费等共计32340元，加上当月租金，承租方餐饮公司已拖欠租金及物业管理费等费用共112340元，已超过二个月押金16万元的50%。

2016年12月18日，出租方投资公司向承租方餐饮公司发出《催促履约通知函》，告知该公司因其拖欠租金、物业管理费、水电费等已超过押金的50%，要求其在收函三日内付清拖欠的全部款项，否则，将对该公司承租的房屋采取暂时停水停电处理，同时，将解除租赁关系。

承租方餐饮公司收函后未做出回应。出租方投资公司遂于2016年12月23日采取了暂时停水停电处理。但承租方餐饮公司仍未支付拖欠的租金和相关费用。

出租方投资公司于2016年12月28日再次向承租方餐饮公司发

出《解除合同通知书》，通知承租方餐饮公司于2016年12月28日起正式解除《商铺租赁合同》，同时要求承租方餐饮公司自合同解除之日起三日内腾退房屋并支付拖欠的费用。承租方餐饮公司于第二天签收了该函件。

直至2017年1月22日，承租方餐饮公司将租赁场地腾空交付给出租方投资公司。

2017年3月2日，出租方投资公司向法院起诉承租方餐饮公司，称因承租方餐饮公司未按期缴纳租金以及物业管理费等，经催告后仍未履约，按合同约定已构成根本违约，因此，请求法院确认双方的租赁合同已经于2016年12月28日解除，承租方餐饮公司应支付自2016年12月6日起至2017年1月22日止的租金以及每日按0.05%计付的滞纳金。

承租方餐饮公司认为出租方投资公司单方停水停电导致其无法使用房屋，是出租方投资公司违约导致合同解除，故向法院提起反诉，要出租方投资公司返还押金16万元并赔偿其自2016年12月23日至2017年1月22日因停水停电造成的经营损失10万元。

▶ 争议焦点

1. 在本案租赁关系中，谁是违约方？应承担怎样的违约责任？

2. 出租方投资公司是否有权停水停电？

3. 承租方餐饮公司支付的租赁押金如何处理？

▶ 法院判决

法院经审理认为，承租方餐饮公司未及时支付租金、物业管理费等已构成违约，出租方投资公司有权依据合同约定采取停水停电措施并有权解除合同。因此，法院判决：确认原被告双方签订的《商铺租赁合同》已于2016年12月28日解除；承租方餐饮公司向出租方投资公司支付房屋自2016年12月6日起至2017年1月22日止的租金以及每日按0.05%计付的滞纳金；出租方投资公司向承租方餐饮公司返还押金16万元。

▶ 律师解析

1. 关于在本案租赁关系中，谁是违约方的问题。

根据《合同法》第九十三条的规定，合同双方可以约定一方解除合同的条件。具体到本案，合同约定若承租方餐饮公司拖欠租金、物业管理费、水费、电费、网络费等费用达到租赁押金的50%，出租方投资公司就有权解除租赁合同。自2016年12月5日至2016年12月28日，承租方餐饮公司拖欠费用已达到租赁押金的50%以上，出租方投资公司享有合同解除权的条件成就，有权单方解除合同，因此出租方投资公司根据合同赋予的合同解除权从而解除《商铺租赁合同》，不构成违约。

承租方餐饮公司认为出租方投资公司停水停电后合同实际不能履行，本来承租方餐饮公司随时可交清拖欠的租金以要求出租方投资公司恢复水电以继续履行合同，但承租方餐饮公司却一直未支付房租及相关费用，且拖欠租金及相关费用达到租赁押金的50%以上，导致出租方投资公司按照合同约定解除合同。因此，违约一方为承租方餐饮公司。

2. 关于出租方投资公司是否有权停水停电的问题。

根据《合同法》第四条及第八条的规定，当事人自愿签订合同，且合同约定不违反法律强制性规定的情况下，合同条款对当事人均有约束力。本案中，双方在租赁合同中约定，如承租方餐饮公司拖欠租金、物业管理费、水费、电费、网络费等费用达到租赁押金的50%，出租方投资公司有权采取停水停电措施并有权解除合同。该约定未违反法律的强制性规定，是合法有效的，对于本案中的承租方餐饮公司及出租方投资公司均有约束力。

2016 年 12 月 23 日，承租方餐饮公司未支付费用已超过租赁押金的一半，根据合同约定，出租方投资公司有权对涉案房屋采取停水停电措施。

当然，值得注意的是，如果双方在合同中未约定出租方有权停水停电，在司法审判实践中，大多法院不认可出租方在没有合同约定的情况下单方强行停水停电的措施。

3. 关于租赁押金的处理问题。

承租方餐饮公司在出租方投资公司处有租赁押金 16 万元，出租方投资公司认为因承租方餐饮公司违约导致解除合同，该租赁押金不予退还，但租赁押金的目的是保证该合同项下的金额能够得到支付，其与违约金不应同时主张，如同时主张则有变相提高违约金之嫌，故法院对出租方投资公司的该项主张没有采纳。另根据《合同法》第一百零七条的规定，承租方餐饮公司违反合同义务，需要向出租方投资公司承担违约责任。根据《合同法》第一百一十四条及相关规定，违约责任具有补偿性兼具惩罚性，承租方餐饮公司与出租方投资公司在合同中约定了逾期支付相关费用的滞纳金计算方式，并不违反法律法规的规定，是合理合法的。

▶ 关联法条

1.《合同法》

第四条 当事人依法享有自愿订立合同的权利，任何单位和个人不得非法干预。

第八条 依法成立的合同，对当事人具有法律约束力。当事人应当按照约定履行自己的义务，不得擅自变更或者解除合同。

依法成立的合同，受法律保护。

第九十三条 当事人协商一致，可以解除合同。

当事人可以约定一方解除合同的条件。解除合同的条件成就时，解除权人可以解除合同。

第一百一十四条 当事人可以约定一方违约时应当根据违约情况向对方支付一定数额的违约金，也可以约定因违约产生的损失赔偿额的计算方法。

约定的违约金低于造成的损失的，当事人可以请求人民法院或者仲裁机构予以增加；约定的违约金过分高于造成的损失的，当事人可以请求人民法院或者仲裁机构予以适当减少。

当事人就迟延履行约定违约金的，违约方支付违约金后，还应当履行债务。

2.《最高人民法院关于适用〈中华人民共和国合同法〉若干问题的解释（二）》

第二十八条 当事人依照合同法第一百一十四条第二款的规定，请求人民法院增加违约金的，增加后的违约金数额以不超过实际损失额为限。增加违约金以后，当事人又请求对方赔偿损失的，人民法院不予支持。

第二十九条 当事人主张约定的违约金过高请求予以适当减少的，人民法院应当以实际损失为基础，兼顾合同的履行情况、当事人的过错程度以及预期利益等综合因素，根据公平原则和诚实信用原则予以衡量，并作出裁决。

当事人约定的违约金超过造成损失的百分之三十的，一般可以认定为合同法第一百一十四条第二款规定的“过分高于造成的损失”。

典型案例 20

租客与出租方在租赁合同中约定的租赁用途违反房屋使用性质，租客能否以此为由解除合同并要求出租方承担相应损失？

▶ 法律要点

租赁双方均知悉租赁用途违反房屋使用性质的情况下，签订的租赁合同仍然有效。但若因此致使合同履行不了，造成损失的，租赁双方应按各自的过错承担责任。

▶ 案情介绍

2016年4月8日，租客张某与业主李某签订《房屋租赁合同》（以下称租赁合同），约定租客张某向业主李某承租其位于马路边一楼的房屋用于经营餐饮业务。签订合同时，业主李某向租客张某出示了房屋产权证书，产权证书载明房屋用途为住宅，同时合同约定自2016年4月8日至2016年7月31日前为装修免租期，2016年8月1日起计算租金，每月租金5800元，租期五年。

租赁合同签订后，业主李某就交付房屋给租客张某装修，租客张某向业主李某支付了自2016年8月1日起至2016年10月31日止的租金及保证金，以及向物业管理处支付了8个月的物业管理费和物业装修保证金。

之后，租客张某委托他人办理租赁物的装修事宜，并向他人支付了装修款。同时，租客张某向工商管理部门申请办理营业执照，不料，工商管理部门以该租赁房屋为住宅物业不符合餐饮业申办要求为由拒绝给租客张某颁发餐饮营业执照。因此，至2016年8月1日租客张某仍无法营业。

租客张某认为由于涉案物业的性质原因导致其无法办理营业执照，致使其合同目的无法实现，故向法院提起诉讼，要求解除双方签订的《房屋租赁合同》；业主李某返还其支付的租金和租赁保证金以及返还其已经支付的物业管理费和装修保证金；业主李某赔偿其已经支付的装修款。

▶ 争议焦点

1. 租客张某能否以涉案物业无法办理营业执照为由主张解除合同？

2. 租客张某的损失有哪些？由谁承担？

▶ 法院判决

经审理，法院认为，涉案物业因性质原因导致租客张某无法办理营业执照，致使其合同目的无法实现，合同应当解除，并且双方在此过程中均有过错。因此，法院判决解除租客张某与业主李某签订的《房屋租赁合同》，业主李某应向租客张某返还租金及租赁保证金并赔偿张某形成添附部分装修款的 50%。

▶ 律师解析

首先，在本案中，租客张某经营餐饮业必须取得营业执照，但其在与业主李某签订租赁合同之时，业主李某已经明确告知涉案房屋性质为居民住宅，原则上无法进行商业营业执照登记，但租客张某仍愿意承租并与业主李某签署了《房屋租赁合同》。现实际情况确实无法办理营业执照，导致租客张某经营餐饮的合同目的无法实现，合同已无法履行，由于合同的根本目的无法实现，租客张某要求解除合同的诉求是正当合法的。

其次，租客张某以及业主李某在均知道涉案房屋为住宅物业的情况下，仍对租赁用途约定为餐饮用途，因此，双方对合同关系的建立及在之后的履行过程中均存在过错，对于 2016 年 8 月 1 日至合同解除之日的租金损失，双方应按过错承担。再者对于租客张某支出的装修费用，未形成添附的，租客张某可自行拆除，已经形成添附且无法拆除或拆除成本较大的，且该部分的价值考虑到双方就合同的解除均存有过错，应由双方合理承担。

最后，合同解除后，根据《合同法》的规定，尚未履行的，终止履行；已经履行的，根据履行情况和合同性质，当事人可以要求恢复原状、采取其他补救措施并有权要求赔偿损失，因此，租客张某要求业主李某返还收取的租赁保证金，应当予以支持。而物业管理费和装修保证金并非业主李某收取，不应由业主李某返还。

▶ 关联法条

1.《合同法》

第九十四条 有下列情形之一的，当事人可以解除合同：

（一）因不可抗力致使不能实现合同目的；

（二）在履行期限届满之前，当事人一方明确表示或者以自己的行为表明不履行主要债务；

（三）当事人一方迟延履行主要债务，经催告后在合理期限内仍未履行；

（四）当事人一方迟延履行债务或者有其他违约行为致使不能实现合同目的；

（五）法律规定的其他情形。

第九十七条 合同解除后，尚未履行的，终止履行；已经履行的，根据履行情况和合同性质，当事人可以要求恢复原状、采取其他补救措施，并有权要求赔偿损失。

2.《最高人民法院关于审理城镇房屋租赁合同纠纷案件具体应用法律若干问题的解释》

第十条 承租人经出租人同意装饰装修，租赁期间届满或者合同解除时，除当事人另有约定外，未形成附合的装饰装修物，可由承租人拆除。因拆除造成房屋毁损的，承租人应当恢复原状。

第十一条 承租人经出租人同意装饰装修，合同解除时，双方对已形成附合的装饰装修物的处理没有约定的，人民法院按照下列情形分别处理：

（一）因出租人违约导致合同解除，承租人请求出租人赔偿剩余租赁期内装饰装修残值损失的，应予支持。

（二）因承租人违约导致合同解除，承租人请求出租人赔偿剩余租赁期内装饰装修残值损失的，不予支持。但出租人同意利用的，应在利用价值范围内予以适当补偿。

（三）因双方违约导致合同解除，剩余租赁期内的装饰装修残值损失，由双方根据各自的过错承担相应的责任。

（四）因不可归责于双方的事由导致合同解除的，剩余租赁期内的装饰装修残值损失，由双方按照公平原则分担。法律另有规定的，适用其规定。

典型案例 21

中介公司托管业主楼房进行分租，租客的朋友在分租房间内使用热水器时意外死亡，谁该负责？

▶ 法律要点

租客（或其他居住人）正常使用出租屋内电器设备遭受伤害的，电器生产者、销售者、安装者、房屋出租人、房屋承租人以及中介公司应根据各自的责任比例承担相应的侵权责任。

▶ 案情介绍

2008 年 8 月 25 日，业主黎某（甲方）与某中介公司（乙方）签订《房屋托管协议》，该协议载明：黎某将其所有的四层楼房（一至四层）托管给该中介公司。托管期限为 5 年，租金标准为：2008 年 8 月 25 日至 2011 年 8 月 24 日，月租金为 5750 元；2011 年 8 月 25 日至 2012 年 8 月 24 日，月租金为 5890 元；2012 年 8 月 25 日至 2013 年 8 月 24 日，月租金为 6040 元。同时协议第三条约定，在乙方托管该房产期间，如果乙方出租房屋的租金高于上述托管房屋租金的，则多出部分归乙方所有。

2010 年 12 月 21 日，中介公司（甲方）与陈某芳（乙方）签订《房屋租赁合同》，将黎某所托管的四层楼房中的 302 房出租给陈某芳。协议中约定租用期半年，即从 2010 年 12 月 22 日起至 2011 年 6 月 21 日止，月租金 450 元等相关内容。2011 年 6 月 22 日之后，陈某芳与中介公司并未就上述房屋进行续签租赁合同，但陈某芳仍然居住、使用上述房屋。

陈某芳租住上述房屋后，向姚某经营的电器商店购买40升的万和牌电热水器一台，并由姚某指派的电工陈某（取得电工作业的特种作业操作证）将热水器安装在事发的302房。

2011年7月4日11时许，梁某在陈某芳租住的302房内洗澡时，触电晕倒。后经医生现场抢救无效，梁某当场死亡。医院出具的《死亡医学证明书》载明：死亡日期：2011年7月4日，死亡原因：电击伤。此后，案发所在地的派出所也委托某法医鉴定中心对梁某的死亡原因进行鉴定。2011年7月19日，法医鉴定中心做出《司法鉴定意见书》，鉴定意见：梁某符合因电击致死。

后各方因赔偿事宜协商不成，梁某家属遂将业主黎某、中介公司、承租人陈某芳、电热水器生产商以及销售方姚某均告上法庭，要求各方进行赔偿。

庭审中，经案件当事人共同同意，由法院委托有资质的产品质量监督检验研究院对涉案房屋的用电环境及电热水器的质量进行鉴定。

产品质量监督检验研究院做出《电热水器及用电环境质量鉴定报告》（以下称《鉴定报告》），该鉴定报告质量鉴定结论载明：一、依据电热水器及相关剩余电流保护插头的检验报告，所检安全项目符合标准要求。该电热水器在正常使用的情况下不会产生过量的泄漏电流导致人体触电。二、该建筑302房的淋浴间为单相两线供电，接地保护不良，不能满足电热水器安全使用的要求。电源进线端未安装剩余电流保护装置，在触电事故发生时不能及时切断电源。三、该建筑敷设供电电线槽板内的电线中有多处接头，违反《建筑电气工程施工质量验收规范》（GB 50303—2002）中“15.2.3　电线在线槽内有一定余量，不得有接头”的规定。

黎某辩称，已将房屋总包给了中介公司，由中介公司对外分租，中介公司管理不善导致事故，应由中介公司承担责任。

陈某芳辩称，其购买的电热水器并无问题，又是正常使用，发生事故后其有及时拨打 120 急救电话并对梁某采取了急救措施，其并无过错，不应承担责任。

中介公司辩称，其为黎其托管房屋，只是作为中介方，事故发生是黎某房屋本身存在的问题，其作为中介方无法获知居间的房屋本身存在的瑕疵，因此，其并不存在过错，不应担责。

▶ 争议焦点

1. 梁某的死亡究竟应该由谁来承担责任？
2. 中介公司是否需要承担责任以及需要承担何种责任？

▶ 法院判决

法院经审理后认为，涉案电热水器不存在质量问题；漏电是因用电环境不符合标准，黎某作为房东，中介公司作为转租人、姚某作为安装方均存在过错；黎某负主要责任，中介公司及姚某负次要责任。最后法院判决，黎某赔偿梁某家属 32 万余元，中介公司及姚某各赔偿梁某家属 23 万余元，且中介公司与黎某对对方赔偿承担连带责任。

▶ 律师解析

关于涉案电热水器的质量问题。经过各方当事人同意，法院委托有资质的鉴定机构对电热水器及用电环境的质量进行鉴定并出具《鉴定报告》，该鉴定报告的结果可信度高。根据该《鉴定报告》显示电热水器并不存在质量问题，而是由于用电环境不符合安全标准导致。因此电热水器生产商对本次事故的发生不承担责任。

关于黎某作为房东是否需要承担责任，需承担什么责任。黎某作为房屋的所有人及出租人，应保证所出租房屋及相关设施、设备符合国家安全标准，适合于承租人居住、使用。但《鉴定报告》的鉴定结论第二项载明：该建筑 302 房的淋浴间为单相两线供电，接地保护不良，不能满足电热水器安全使用的要求。电源进线端未安装剩余电流保护装置，在触电事故发生时不能及时切断电源。第三项载明：该建筑敷设供电电线槽板内的电线中有多处接头。违反《建筑电气工程施工质量验收规范》（GB 50303—2002）中“15.2.3 电线在线槽内有一定余量，不得有接头”的规定。可知，涉案房屋用电环境建设不合格是造成梁某死亡的根本原因。故业主黎某对此存在过错，应承担主要的赔偿责任。

关于中介公司的责任认定。本案中，中介公司与黎某签订《房屋托管协议》，约定黎某将涉案房屋委托给中介公司代为管理经营，托管期间产生的所有管理经营收益全部归中介公司所有。之后，中介公司以出租方的身份与陈某芳签订《房屋租赁合同》，将涉案房屋出租给陈某芳使用。可见，中介公司并不是单纯作为居间人为委托人提供订立合同的媒介服务，其实际上是从事房屋包租或转租业务，其以自己名义出租所包租的房屋，并从中获取收益。中介公司在从事出租经营活动过程中，应负有出租屋管理的职责，对房屋使用人应尽合理限度范围的安全保障义务。现中介公司没有确保其出租经营的房屋符合安全使用条件，疏于对涉案房屋的相关设施进行安全检查，故中介公司对本次事件的发生亦存在过错，应承担次要的赔偿责任。

关于热水器销售方姚某的责任认定。《电热水器安装规范》（GB 20429—2006）中第 5 点热水器安装要求及第 6 点安装操作程序中规定：热水器的安装必须由专业安装人员来完成。I 类热水器的安装必须有独立的插座及可靠接地，否则不应进行热水器的安装。对不能满足待装热水器安装要求的，安装人员应明确告知用户，建议整改安装；对不能整改的，应拒绝安装。本案中，姚某出售电热水器并指派电工进行安装。在安装过程中，安装人员没有检测出涉案房屋淋浴间接地保护不良，不能满足电热水器安全使用要求。故姚某对涉案电热水器的安装不符合《电热水器安装规范》（GB 20429—2006）的相关要求，存在过错，应承担次要的赔偿责任。

关于承租人陈某芳的责任认定。陈某芳作为承租人没有责任与义务保证租赁房屋的安全性能。陈某芳作为消费者购买电热水器更无义务对其购买的产品进行检测，且陈某芳购买的电热水器亦并非其本人安装，同时根据一审法院调取的公安局派出所《询问笔录》可知，陈某芳在发现梁某在冲凉房晕倒后，即第一时间拨打 120 急救电话，并找自己的同事来现场进行救助。因此，陈某芳不应承担相应的赔偿责任。

▶ 关联法条

1.《中华人民共和国侵权责任法》

第六条 行为人因过错侵害他人民事权益，应当承担侵权责任。

第十六条 侵害他人造成人身损害的，应当赔偿医疗费、护理费、交通费等为治疗和康复支出的合理费用，以及因误工减少的收入。造成残疾的，还应当赔偿残疾生活辅助具费和残疾赔偿金。造成死亡的，还应当赔偿丧葬费和死亡赔偿金。

2.《最高人民法院关于审理人身损害赔偿案件适用法律若干问题的解释》

第三条 二人以上共同故意或者共同过失致人损害，或者虽无共同故意、共同过失，但其侵害行为直接结合发生同一损害后果的，构成共同侵权，应当依照民法通则第一百三十条规定承担连带责任。

第十七条 受害人遭受人身损害，因就医治疗支出的各项费用以及因误工减少的收入，包括医疗费、误工费、护理费、交通费、住宿费、住院伙食补助费、必要的营养费，赔偿义务人应当予以赔偿。

典型案例 22

承租人将房屋转租给次承租人，因承租人未按时交租导致出租人收回房屋，次承租人应如何维权？

▶ 法律要点

次承租人合法承租后，遇到承租人（转租人）未按时交租的，次承租人可以主动向出租人发出通知，通知出租人自己愿意代承租人（转租人）承担租金及违约金，以此避免因转租人的违约行为导致合同解除且无法使用承租物业的风险。而次承租人代为支付承租人（转租人）拖欠的租金后，也可以以此向承租人（转租人）主张抵扣双方之间约定的租金，从而维护自己的合法权利。

▶ 案情介绍

2012 年 6 月 10 日，出租人宋某新与承租人刘某访分别以甲、乙方的身份签订《门面租赁合同》，出租人宋某新将一处门面商铺出租给承租人刘某访做商业门面使用。合同约定：租赁期限为 8 年零 3 个月，自 2012 年 7 月 1 日起至 2020 年 9 月 30 日止；并约定了租期内的租金标准及支付方式；为保证合同的履行，乙方于本合同签订之日向甲方支付定金 5 万元，定金同时作为履约保证金直至合同期满后无息退还乙方；商铺钥匙交给乙方之时，乙方立即付完第一年租金，否则视为乙方违约，定金不退；若甲方违约则赔偿乙方双倍定金；从第二年起，乙方应在上一年租期届满之日前提前一个月支付租金，否则视为乙方违约，违约处罚金为履约保证金全额的三倍，且甲方有权终止合同。另外还约定乙方不得利用门面从事非法经营及任何违法犯罪活动，且不能利用上述房屋转租、转借给他人从事非法经营及任何违法犯罪活动，但可转租、转借给他人从事正当、合法经营。

合同签订后，承租人刘某访如约向出租人宋某新支付了第一年即 2012 年 7 月 1 日至 2013 年 6 月 30 日的租金。

2013 年 4 月 12 日，承租人刘某访与次承租人陈某平签订了《商铺租赁合同》，约定将上述商铺转租给陈某平用于建材经营，租期为五年，自 2013 年 4 月 15 日起至 2018 年 5 月 24 日止。

承租人刘某访将商铺转租给次承租人陈某平之后，就一直未再向出租人宋某新支付租金。出租人宋某新经过多次催促无果后，遂要求收回出租房屋。而次承租人陈某平为维持自己的生产经营，且已投入了大量资金对涉案商铺进行了装修，因此不愿意搬出涉案商铺，便与出租人沟通并主张自愿代承租人刘某访支付其所欠出租人的租金及违约金，以促使双方签订的租赁合同能继续履行，但出租人宋某新并不同意次承租人的这一做法，认为自己只是跟承租人刘某访签订合同，跟次承租人并无租赁关系，现在承租人刘某访拖欠自己的租金不给，按照合同约定自己有权终止合同、收回商铺并向承租人刘某访主张相应违约金。后三方私下解决不成，出租人宋某新遂向法院提起诉讼，请求法院判令解除自己与承租人刘某访之间签订的《门面租赁合同》、收回涉案商铺并判令承租人刘某访立即支付拖欠的自 2013 年 6 月 30 日至 2014 年 10 月 31 日的房租以及支付 15 万元违约金。

庭审中承租人刘某访辩称：因在双方租赁关系存续期间，自己已将门面于2013年4月12日合法转租给次承租人陈某平，现陈某平请求代自己支付所欠的租金及违约金，客观上阻却了出租人宋某新的合同解除权，因此出租人宋某新诉请解除租赁合同不应得到支持。另外，即使自己违约造成出租人宋某新损失，但其诉请的违约金明显过高，《门面租赁合同》项下一年租金仅为7万余元，其违约金请求应结合实际造成的损失适当予以调减为宜。

而次承租人陈某平为维护自己的权利，主动向法院提起申请，追加自己为第三人，庭审中次承租人陈某平也再次表示并请求代承租人刘某访支付所欠出租人的租金及违约金，请求出租人继续履行与承租人之间签订的租赁合同，同时认为违约金要求太高，希望能进行调低。自己代为支付后，抵扣与承租人（转租人）之间约定的租期内租金。

▶ 争议焦点

1. 承租人（转租人）违约，出租人能否以此主张解除合同？

2. 次承租人能否以代为支付承租人（转租人）欠付的租金及违约金为由，要求出租人继续履行与承租人之间的租赁合同？

▶ 法院判决

审理后，法院判决承租人刘某访支付出租人宋某新租赁期内第二年、第三年的到期租金及违约金，违约金以拖欠租金为基数，按照中国人民银行同期同类贷款利率的130%计付；上述租金以及违约金由次承租人陈某平代承租人刘某访支付，支付部分抵扣与承租人（转租人）之间约定的租期内租金。

▶ 律师解析

1. 在本案中，出租人宋某新与承租人刘某访签订的《门面租赁合同》约定从第二年起，承租人应在上一年租期届满之日前提前一个月支付租金，否则视为被告违约。从该约定可知，承租人应在2013年6月1日前向出租人支付自2013年7月1日起至2014年6月30日止的第二年租金，应在2014年6月1日前向出租人支付自2014年7月1日起至2015年6月30日止的第三年租金，但至该案件起诉之日，承租人均未支付以上两年租金，明显存在违约行为。

2. 虽然承租人拖欠了两年租金，且涉案租赁合同中约定承租人逾期支付租金的，出租人有权终止合同。但是在该合同中同时还约定了承租人有转租权，本案中承租人也已将涉案物业合法转租给了次承租人陈某平，而陈某平也表示愿意代承租人支付欠付的租金和违约金，因此根据《最高人民法院关于审理城镇房屋租赁合同纠纷案件具体应用法律若干问题的解释》第十七条的规定，本案租赁合同不应解除。

3. 因为案涉租赁合同未解除，但承租人的违约行为确实存在，承租人不仅应支付所欠租金，还应承担违约责任。案涉租赁合同中虽规定了违约金的计算标准，但是本案中出租人未能证明其实际损失达到合同中约定的违约金计算标准。根据合同法的相关规定，当事人主张违约金过高的，法院有权进行调整。同时根据有关法律规定，当事人约定的违约金超过造成损失的百分之三十的，一般可以认定为“过分高于造成的损失”。在本案中，法院将违约金调整为以所欠租金为基数，按照中国人民银行同期同类贷款利率的 130% 计付，已能弥补出租人的损失，符合一般性的社会规则，合理合法。

综上，若次承租人的承租是合法的，遇到承租人未按时交租，出租人主张收回房屋，而自己又不得不继续承租该房屋的，可以主动向出租人发出通知，通知出租人自己愿意代承租人承担拖欠的租金，以此避免因承租人的违约行为导致合同解除无法使用承租物业的风险。而次承租人代为支付承租人拖欠的租金后，也可以以此向承租人主张抵扣双方之间约定的承租期内的租金，以维护自己的合法权利。

▶ 关联法条

1.《合同法》

第六十条　当事人应当按照约定全面履行自己的义务。

当事人应当遵循诚实信用原则，根据合同的性质、目的和交易习惯履行通知、协助、保密等义务。

第九十三条　当事人协商一致，可以解除合同。

当事人可以约定一方解除合同的条件，解除合同的条件成就时，解除权人可以解除合同。

第一百零七条　当事人一方不履行合同义务或者履行合同义务不符合约定的，应当承担继续履行、采取补救措施或者赔偿损失等违约责任。

第一百一十四条　当事人可以约定一方违约时应当根据违约情况向对方支付一定数额的违约金，也可以约定因违约产生的损失赔偿额的计算方法。

约定的违约金低于造成的损失的，当事人可以请求人民法院或者仲裁机构予以增加；约定的违约金过分高于造成的损失的，当事人可以请求人民法院或者仲裁机构予以适当减少。

当事人就迟延履行约定违约金的，违约方支付违约金后，还应当履行债务。

第二百二十四条 承租人经出租人同意，可以将租赁物转租给第三人。承租人转租的，承租人与出租人之间的租赁合同继续有效，第三人对租赁物造成损失的，承租人应当赔偿损失。

承租人未经出租人同意转租的，出租人可以解除合同。

第二百二十七条 承租人无正当理由未支付或者迟延支付租金的，出租人可以要求承租人在合理期限内支付。承租人逾期不支付的，出租人可以解除合同。

2.《最高人民法院关于审理城镇房屋租赁合同纠纷案件具体应用法律若干问题的解释》

第十七条 因承租人拖欠租金，出租人请求解除合同时，次承租人请求代承租人支付欠付的租金和违约金以抗辩出租人合同解除权，人民法院应予支持。但转租合同无效的除外。

3《最高人民法院关于适用〈中华人民共和国合同法〉若干问题的解释（二）》

第二十九条 当事人主张约定的违约金过高请求予以适当减少的，人民法院应当以实际损失为基础，兼顾合同的履行情况、当事人的过错程度以及预期利益等综合因素，根据公平原则和诚实信用原则予以衡量，并作出裁决。

当事人约定的违约金超过造成损失的百分之三十的，一般可以认定为合同法第一百一十四条第二款规定的“过分高于造成的损失”。

典型案例 23

出租时房屋已被抵押给银行，后在租赁期间房屋被银行查封拍卖，承租人是否可以要求新的业主继续履行原租约？

▶ 法律要点

房屋出租前已被抵押，后在租赁期间因未能偿还抵押债务而被查封拍卖，则承租人无权要求新的业主继续履行原租约并继续使用该房屋，亦不能以“买卖不破租赁”为由拒绝腾退房屋。承租人因此对租赁物无法继续使用、收益的，可以要求出租人减少租金或者不支付租金，且如果出租人未书面告知承租人该房屋已经抵押的，造成承租人损失的应承担赔偿责任。

▶ 案情介绍

某金属制品公司名下有一处工业厂房（下称涉案房屋）。2008 年 11 月 21 日，金属制品公司与某银行签订《最高额抵押合同》，以涉案房屋作抵押向银行借款，并完成了抵押登记。

2008 年 12 月 15 日，某燃油供应有限公司（下称燃油公司）与该金属制品公司签订关于租赁涉案房屋的《厂房租赁协议书》。协议书约定：租期 15 年，月租金 1.5 万元；金属制品公司按现状出租涉案房屋，房屋内的供水、供电、下水道改造、增建厂区围墙、增建门卫室、厂房及办公楼加固维修和装饰等由燃油公司投资建设。

2011 年，由于金属制品公司无力偿还借款，某银行遂提起诉讼程序并查封了涉案房屋。法院判决后由于金属制品公司未能偿还银行借款，涉案房屋被法院强制执行进入拍卖程序，拍卖公告告知涉案房屋系带租约拍卖。

2013 年 7 月 4 日，燃油公司准备运送机械设备进入涉案房屋时，发现已被他人占领，车间门锁被砸、原有设备被堆放他处，文件、图纸及档案等不知去向。为此，燃油公司报警，警方在调查取证后发现，原来占领涉案房屋的是李某，李某已通过法院拍卖程序取得涉案房屋的产权，且称不知原租约存在。

燃油公司认为涉案房屋带租约拍卖、变卖致李某廉价取得，现李某单方面私自占领涉案房屋违反了“买卖不破租赁”的法律规定，且法院拍卖公告中也已经告知涉案房屋存在租约，李某通过法院购买该房屋理应继续履行该租赁合同，故燃油公司提起诉讼，要求李某继续履行《厂房租赁协议书》，租赁期至 2023 年 12 月 31 日止。

然而李某却认为，燃油公司依据的租赁合同并无法律效力，签订合同的本意是为对抗法院执行而故意为之，且存在先抵押后出租的情况，在法律上这种情况是“买卖不破租赁原则”的例外规定，燃油公司的主张没有任何法律依据。

▶ 争议焦点

1. 燃油公司与金属制品公司在2008年12月15日签订的《厂房租赁协议书》有无法律效力?

2. 在本案中，涉案房屋在租赁期间发生所有权变动，燃油公司能否以“买卖不破租赁原则”为由要求李某继续履行《厂房租赁协议书》?

▶ 法院判决

经审理，法院认定燃油公司与金属制品公司在2008年12月15日签订的《厂房租赁协议书》是双方的真实意思表示，具有法律效力，但李某无须继续履行燃油公司与金属制品公司在2008年12月15日签订的《厂房租赁协议书》。因此，法院判决驳回燃油公司要求继续履行《厂房租赁协议书》的诉求。

▶ 律师解析

1. 关于租赁房屋在租赁期间发生所有权变动后，燃油公司与金属制品公司签订的《厂房租赁协议书》有无法律效力的问题。

签订《厂房租赁协议书》时金属制品公司是涉案房屋的权属人，具有出租权。其与燃油公司签订租赁合同，是双方的真实意思表示且并无法律规定的无效情形，为合法有效的合同。

李某所称涉案的租赁合同是金属制品公司与燃油公司为对抗法院执行而签订的抗辩无事实和法律依据，不能成立。首先，案件涉及的借款关系于2008年11月21日成立，同年12月15日燃油公司就与金属制品公司签署厂房租赁合同，且签订合同后，燃油公司也确实实际占有房屋进行生产工作并按时向金属制品公司缴纳租金。其次，法院执行是在2012年，燃油公司与金属制品公司在签署合同时即2008年12月也难以得知案件涉及的借款将在2012年无法偿还并将进行拍卖。故综合以上情形，均反映出燃油公司与金属制品公司之间是真实的租赁关系，涉案的《厂房租赁协议书》具有法律效力。

2. 关于租赁房屋在租赁期间发生所有权变动后，燃油公司能否依据“买卖不破租赁原则”要求李某继续履行《厂房租赁协议书》的问题。

第一，根据《最高人民法院关于审理城镇房屋租赁合同纠纷案件具体应用法律若干问题的解释》第二十条之规定，如果涉案房屋出租前已设立抵押权，最终因抵押权人实现抵押权而发生了所有权变动，则该租赁关系不得对抗已登记的抵押权，承租人请求新的房屋受让人继续履行原租赁合同的，将不会得到法院支持。而承租人因此对租赁物无法继续使用、收益的，则可以要求出租人减少租金或者不支付租金，且如果出租人未书面告知承租人该房屋已经抵押的，造成承租人损失的也可要求其承担赔偿责任。

第二，虽然法院在相应公告中告知了该厂房是“带租约”的。但“带租约”应认为是对当时涉案房屋的客观描述，不能据此就推断李某接受并愿意继续履行金属制品公司与燃油公司的租赁合同。司法实践中，执行法官通常不对租约是否合法有效进行实质审查，只会在拍卖公告中予以告知，最终是需要买受人自行解决租赁及收楼的问题。

综上，案涉的厂房在租赁前就已经设定抵押，在租赁期间被查封拍卖，承租人无权继续使用该房屋。

▶ 关联法条

1.《合同法》

第八条 依法成立的合同，对当事人具有法律约束力。当事人应当按照约定履行自己的义务，不得擅自变更或者解除合同。

依法成立的合同，受法律保护。

第二百二十八条 因第三人主张权利，致使承租人不能对租赁物使用、收益的，承租人可以要求减少租金或者不支付租金。

2.《最高人民法院关于审理城镇房屋租赁合同纠纷案件具体应用法律若干问题的解释》

第二十条 租赁房屋在租赁期间发生所有权变动，承租人请求房屋受让人继续履行原租赁合同的，人民法院应予支持。但租赁房屋具有下列情形或者当事人另有约定的除外：

（一）房屋在出租前已设立抵押权，因抵押权人实现抵押权发生所有权变动的；

（二）房屋在出租前已被人民法院依法查封的。

3.《物权法》

第一百九十条 订立抵押合同前抵押财产已出租的，原租赁关系不受该抵押权的影响。抵押权设立后抵押财产出租的，该租赁关系不得对抗已登记的抵押权。

4.《最高人民法院关于适用〈中华人民共和国担保法〉若干问题的解释》

第六十六条 抵押人将已抵押的财产出租的，抵押权实现后，租赁合同对受让人不具有约束力。

抵押人将已抵押的财产出租时，如果抵押人未书面告知承租人该财产已抵押的，抵押人对出租抵押物造成承租人的损失承担赔偿责任；如果抵押人已书面告知承租人该财产已抵押的，抵押权实现造成承租人的损失，由承租人自己承担。

典型案例 24

房屋租赁期间，房屋附属用品设施发生损毁导致损失，应由谁承担责任？

▶ 法律要点

出租人应当按照约定将租赁物交付承租人，并在租赁期间保持租赁物符合约定的用途。而承租人应当按照约定的方法使用租赁物。若因租赁房屋内物品自身问题致损失的，应由出租人承担责任；若因承租人未合理正确使用租赁房屋内物品导致损失的，应由承租人承担赔偿责任。

▶ 案情介绍

丁某文系某小区 8 幢 30 号 605 室房屋（下称涉案房屋）的所有权人。2016 年 1 月 15 日，丁某文与某物业服务有限公司（下称物业服务公司）签订《房屋出租托管合同》一份，约定了丁某文将涉案房屋交由物业服务公司进行出租托管；托管期自 2016 年 1 月 18 日起至 2020 年 1 月 17 日止；托管期租金为 3382 元 / 月；丁某文同意物业服务公司可以其名义直接出租、确定租金、收取租金及相关费用、向承租方提起诉讼等。双方还就其他相关事项做出了约定。

2016 年 1 月 27 日，丁某文接到小区物管处电话，得知前段时间受寒潮影响，丁某文名下的上述房屋的水管爆裂引发漏水，涉案房屋楼下的 505 室受到影响。

2016 年 2 月 27 日，505 室业主与丁某文经所在街道人民调解委员会调解，签订《人民调解协议书》一份，载明就 505 室因寒潮冰冻水管爆裂导致其房屋渗水严重，双方自愿达成如下协议：丁某文一次性赔偿 505 室业主 1.9 万元；由于丁某文委托物业服务公司管理租赁该房屋，此赔偿金额先由丁某文先行支付。丁某文与物业服务公司之间赔偿金额的承担比例由其双方另行协商。同日，丁某文通过银行转账向 505 室业主支付了 1.9 万元赔偿款。后丁某文与物业服务公司就上述赔偿金额的分担发生争议。

丁某文认为，物业服务公司在与自己的合同关系中应是处于承租人的地位，其应承担承租人所应承担的妥善保管房屋的义务，但是物业服务公司明知当地将受寒潮影响，却对所承租房屋不管不顾，完全未尽到管理义务，在发生漏水时也没有及时通知丁某文进行维修处理，致使丁某文房屋漏水侵害他人权益并支出了 1.9 万元的赔偿款，该赔偿款应由物业服务公司承担。

物业服务公司却认为，其是根据丁某文的授权对该房屋进行对外出租的，其不是承租人，没有妥善保管的义务，原告房屋的损失不应由其承担。且丁某文作为房主，应保证涉案房屋内所有设备设施的正常使用。房屋中水管爆裂的原因为水管自身老化，与物业服务公司无关，1.9 万元赔偿款应由丁某文自行承担。

因最终协商不成，丁某文遂提起诉讼，要求物业服务公司向其支付 1.9 万元损失。

▶ 争议焦点

1. 丁某文与物业服务公司订立的《房屋出租托管合同》是房屋租赁合同还是委托合同？

2. 丁某文所诉的损失，物业服务公司应否负担？

▶ 法院判决

法院经审理后认为，根据日常生活的常理，兼顾公平原则，酌定双方对丁某文赔付给 505 室业主的 1.9 万元平均分担，因此，最终判决物业服务公司向丁某文支付 9500 元。

▶ 律师解析

先来了解一下租赁合同与委托合同的概念和区别：

租赁合同是出租人将租赁物交付承租人使用、收益，承租人支付租金的合同。

委托合同是委托人和受托人约定，由受托人处理委托人事务的合同。

本案中，丁某文与物业服务公司于2016年1月15日订立的《房屋出租托管合同》约定“租金为3382元/月”“甲方同意乙方可以其名义直接出租、确定租金、收取租金及相关费用”等内容更加符合房屋租赁合同的法律特征，双方成立房屋租赁合同法律关系。

双方无特别约定的情况下，出租人应当按照约定将租赁物交付承租人，并在租赁期间保持租赁物符合约定的用途。承租人应当按照约定的方法使用租赁物。因此，物业服务公司作为承租人，负有妥善使用涉案房屋、如发现涉案房屋出现损坏和需要维修的情况应及时通知丁某文的义务。丁某文作为房主，应确保房屋设施设备的功能完好及能正常使用。

本案中，丁某文与物业服务公司对案涉房屋租赁期间，因水管爆裂造成漏水的事实均予以认可，但双方对水管爆裂的原因发生争议。案涉房屋中水管爆裂的原因有水管自身老化、对水管使用不当，或上述两者相结合等多种可能性，因此，双方均应当对各自的主张承担相应的举证责任。但在本案中，双方均未完成各自的举证责任，根据日常生活的常理，兼顾公平原则，酌定双方对该损失进行平均分担，符合法律规定及公平原则。

▶ 关联法条

《合同法》

第四十四条 依法成立的合同，自成立时生效。

法律、行政法规规定应当办理批准、登记等手续生效的，依照其规定。

第六十条 当事人应当按照约定全面履行自己的义务。

当事人应当遵循诚实信用原则，根据合同的性质、目的和交易习惯履行通知、协助、保密等义务。

第二百一十二条 租赁合同是出租人将租赁物交付承租人使用、收益，承租人支付租金的合同。

第二百一十六条 出租人应当按照约定将租赁物交付承租人，并在租赁期间保持租赁物符合约定的用途。

第二百一十七条 承租人应当按照约定的方法使用租赁物。对租赁物的使用方法没有约定或者约定不明确，依照本法第六十一条的规定仍不能确定的，应当按照租赁物的性质使用。

第四篇

04

婚姻、继承与赠与房产租售纠纷典型案例

典型案例 25

丈夫将其婚前已通过审批，婚后才办理房改手续的房改房单方出售了，妻子将丈夫和买方一并告上法院要求确认房屋买卖合同无效，法院会如何判决？

▶ 法律要点

丈夫婚前向单位申请房改，单位已审批同意，但直到婚后才最终办理房改手续，法院认定该房为丈夫婚前财产，有权独自出售。

▶ 案情介绍

张某为广州市某事业单位正式职工。1994 年 10 月，张某因交通事故落下残疾，被认定为精神分裂症（一级残疾），从此，张某一直在家病休至今。病休期间，张某每月领取基本工资 786 元。为了方便父母照顾自己，1996 年 12 月 1 日，其父亲（与张某在同一单位）以张某名义向单位提交了单位福利分房的申请，单位于 1997 年 7 月 14 日向张某出具了书面的《购房同意书》，表示同意将位于张某父母隔壁的单位宿舍 303 房（下称案涉房屋）出售给张某，房屋总价 27680 元，并将案涉房屋交付给张某使用，张某父母对涉案房屋进行了装修。由于当时购买单位住房流程手续繁杂，张某暂时未与单位签订购房合同。

1997年12月15日，张某与毛某登记结婚，并共同居住在涉案房屋。

1998年4月，单位通知张某签订购房合同，1999年1月才正式领取房产证，该房产登记在张某一人名下。

2017年3月，张某将上述房屋出售给买方张某浩，并与其签订了《房屋买卖合同》，合同约定总楼价88万元，张某浩一次性付款，所有税费由买方承担，收齐楼款当天交付房屋，等等。

2017年5月，张某与张某浩在房地产交易中心办理了过户交易手续，张某浩随后领取了房地产权证。

2017年8月，张某向法院提起诉讼，要求解除与毛某的婚姻关系。此时，毛某发现上述涉案房屋已经出售给张某浩，认为上述房屋应为夫妻共同财产，未经其同意，该买卖合同无效，于是，便将张某、张某浩告上法庭，要求法院确认张某与张某浩签订的《房屋买卖合同》无效，并将案涉房屋登记回张某名下。

庭审过程中，张某辩称涉案房屋为其婚前个人财产，主要理由是涉案房屋是单位在其婚前已经明确出售给他的，只是因为当时购买单位住房手续烦琐，才导致婚后签订的正式购房合同；此外，由于张某患有精神分裂症，其一直病休，每月只领取786元的基本工资，该工资都无法支撑其每月的医药费，更没有多余的金钱进行购房，购房的款项都是由其父亲支付的。为了证明上述事实，张某提交了单位于1997年7月14日出具的《购房同意书》，同意书明确载明“经单位各级领导审查，同意将单位宿舍303房出售给员工张某”；张某还提交了单位出具的《收入证明》以及当时单位负责售房事宜的工作人员黎某的证言，证明其收入根本不足以支付涉案房屋的购房款以及是由张某的父亲亲自带着现金到单位办理购房手续的。因此，张某认为即便是婚后签订的房改房购房合同并领取的产权证，但涉案房屋登记在一方名下，且购房款也由张某父亲支付，与毛某无关。

毛某辩称：只要是婚后签订的合同，且张某为事业单位职工，也有一定收入，就有能力支付案涉房屋的房款，即使涉案房屋是由张某父亲出资购买的，也应为夫妻共同财产，张某出售涉案房屋必须经过其同意。对于上述所称，毛某提供了张某的银行流水，但该银行流水显示张某的月工资平均为 800 元左右。

▶ 争议焦点

1. 在婚前已获得审批但婚后才领取房产证的房子是否属于夫妻共同财产?

2. 假设上述房产被认定为个人婚前财产，但出售时双方为夫妻关系，是否也必须经过配偶同意，未经同意所签订的买卖合同是否必然无效?

▶ 法院判决

经审理，法院认为，案涉房产为张某婚前个人财产，张某与张某浩签订的《房屋买卖合同》合法有效，驳回毛某的所有诉讼请求。

▶ 律师解析

1. 上述案涉房屋应认定为婚前个人财产。

首先，根据《最高人民法院关于适用〈中华人民共和国婚姻法〉

若干问题的解释（一）》第十九条的规定“夫妻一方所有的财产，不因婚姻关系的延续而转化为夫妻共同财产。但当事人另有约定的除外。”综观本案，第一，张某取得案涉房屋是基于其为单位员工这一身份关系以及张某因交通事故患有一级精神疾病这一特殊事由而取得的，具有较为特殊的人身依附关系。第二，案涉房屋从申请到审批再到交付房屋都发生在张某与毛某结婚登记前，单位在张某与毛某结婚登记前已经出具了同意将上述房屋出售给张某的书面通知，并且已经将案涉房屋交付给张某使用，此后签订房屋买卖合同、支付房款的行为均系履行购房手续一部分，在此期间张某婚姻状态的变动对确定该房产的权属没有任何影响，因此房屋应认定为婚前个人财产。

其次，根据《最高人民法院关于适用〈中华人民共和国婚姻法〉若干问题的解释（三）》第七条第一款的规定，婚后由一方父母出资为自己子女购买的不动产，产权登记在出资人子女名下的，可视为对自己子女一方的赠与，该不动产为夫妻一方的个人财产。本案中，毛某虽提供了其配偶张某的银行流水，但该流水显示张某每月的工资确实只有 800 元左右，不足以支付案涉房屋的购房款，而且，毛某本人也确认，其嫁给张某以后一直没有上过班，基本是靠张某父母接济生活的。同时，张某提供的证人证言显示，案涉房屋的购房款是由张某父母出资购买的，且案涉房屋也仅登记在张某个人名下。

综上，法院认定案涉房屋为张某个人所有，不属夫妻共同财产的认定事实清楚，证据确实充分。

2. 出售婚前个人财产的，无须经配偶同意，所签订的房屋买卖合同有效。

根据《合同法》第四十四条的规定“依法成立的合同，自成立时生效”，上述房产为张某婚前个人财产，张某为合法产权人，因此其与张某浩签订的房屋买卖合同自双方签字时即成立并生效，不存在合同无效的情形。

▶ **关联法条**

1.《最高人民法院关于适用〈中华人民共和国婚姻法〉若干问题的解释（一）》

第十九条 《婚姻法》第十八条规定为夫妻一方所有的财产，不因婚姻关系的延续而转化为夫妻共同财产。但当事人另有约定的除外。

2.《最高人民法院关于适用〈中华人民共和国婚姻法〉若干问题的解释（三）》

第七条 婚后由一方父母出资为子女购买的不动产，产权登记在出资人子女名下的，可按照婚姻法第十八条第（三）项的规定，视为只对自己子女一方的赠与，该不动产应认定为夫妻一方的个人财产。

3.《婚姻法》

第十八条 有下列情形之一的，为夫妻一方的财产：

（一）一方的婚前财产；

（二）一方因身体受到伤害获得的医疗费、残疾人生活补助费等费用；

（三）遗嘱或赠与合同中确定只归夫或妻一方的财产；

（四）一方专用的生活用品；

（五）其他应当归一方的财产。

4.《合同法》

第四十四条 依法成立的合同，自成立时生效。

典型案例 26

登记在夫妻一方名下的房产（婚后共同购买），一方未经另一方同意对外出售房屋并签订房屋买卖合同，另一方能否以一方无处分权且事后未得到追认为由主张房屋买卖合同无效？

▶ 法律要点

夫妻一方出售登记在自己名下的房产，另一方以配偶（出售方）无处分权为由主张合同无效的，法院一般不予支持。

▶ 案情介绍

卖家黎某霞与何某华于 2008 年登记结婚，2013 年双方购买了位于广州市 ×× 北路 333 房并登记在黎某霞名下，2017 年夫妻双方因短期资金周转需要，便打算将上述房屋出售，买方林某仁通过房地产中介公司了解到该房源信息后，表示同意以人民币 698 万元的价格购买上述房屋。

2017年6月22日，中介公司广州某丰房地产代理有限公司（下称广州某丰地产）约林某仁与黎某霞到黎某霞家里签订《房屋买卖合同》。签订合同前，广州某丰地产还特意提出让黎某霞的丈夫何某华也一并过来签订合同，但黎某霞表示其丈夫在外地出差，无法到场签字，并表示何某华也同意出售上述房产。

为了保障交易的顺利进行，广州某丰地产建议黎某霞当场致电其丈夫何某华，将交易的金额、首付款等主要合同条款告知何某华，并询问其是否同意出售。黎某霞当即打电话给其丈夫何某华，何某华在电话中明确回复同意出售。因此，林某仁与黎某霞在广州某丰地产的居间下签订了《房屋买卖合同》，合同约定定金10万元于签订合同当天支付，首期款298万元（含定金）于递件成功并领取收件回执当天支付，剩余楼款以按揭贷款方式支付，任何一方违约需赔偿守约方总楼价10%的违约金等等。

林某仁于签订合同当天向黎某霞交付了定金10万元，但合同签订后第三天，黎某霞的丈夫何某华便联系林某仁称上述房屋是夫妻共同财产，黎某霞趁其在外出差期间偷偷将房屋出售，黎某霞出售的行为未经其同意，因此，林某仁与黎某霞签订的《房屋买卖合同》是无效的，何某华也当场表示可以将定金退还给林某仁。但林某仁认为他当时购买上述房屋主要是考虑到小孩上学学位的问题，而且房产证登记在黎某霞名下，签订合同时何某华也在电话中明确同意出售，不存在何某华所说的合同无效的问题，因此坚持要求继续履行合同购买上述房屋，最终双方协商无果。后何某华向法院提起诉讼，要求确认黎某霞与林某仁之间签订的《房屋买卖合同》无效。

诉讼过程中，何某华提交了结婚证、不动产权登记证证明双方的夫妻关系，并且涉案房屋是双方婚后购买的，应为夫妻共同财产，黎某霞无权单独处分。同时，何某华还提供了其出差去杭州的机票、租房合同等证明签署房屋买卖合同时其在外地，并不知情。林某仁则提交了中介公司与何某华的电话录音、微信聊天记录用于证明何某华对于其配偶出售涉案房屋是清楚知悉并同意的。

▶ 争议焦点

1. 婚后取得的房产是否一定为夫妻共同财产？

2. 未经一方同意出售婚后取得并登记在一方名下的房产，所签订的《房屋买卖合同》是否必然无效？

▶ 法院判决

经审理，法院认定涉案房屋为夫妻共同财产，但同时认为，涉案房屋虽为夫妻共同财产，但是根据《最高人民法院关于审理买卖合同纠纷案件适用法律问题的解释》的规定“当事人一方以出卖人在缔约时对标的物没有所有权或者处分权为由主张合同无效的，人民法院不予支持”，因此判决驳回何某华要求确认黎某霞与林某仁之间签订的《房屋买卖合同》无效的诉讼请求。

▶ 律师解析

1. 涉案房屋应为夫妻共同财产。

《婚姻法》第十七条规定：“夫妻在婚姻关系存续期间所得的下

列财产，归夫妻共同所有：（一）工资、奖金；（二）生产、经营的收益；（三）知识产权的收益；（四）继承或赠与所得的财产，但本法第十八条第三项规定的除外；（五）其他应当归共同所有的财产。”本案中，黎某霞与何某华于2008年登记结婚，涉案房屋于2013年购买，为婚后所得财产，且黎某霞未能提供购房资金系由用其婚前个人财产购买的证据，因此，即便涉案房屋仅登记在黎某霞一人名下，但这也不影响涉案房屋为夫妻共同财产的认定。

2. 涉案《房屋买卖合同》即便没有何某华签名，亦为有效合同。

首先，《物权法》第六条规定“不动产物权的设立、变更、转让和消灭，应当依照法律规定登记”。该法第九条规定：“不动产物权的设立、变更、转让和消灭，应依法登记，发生效力；未经登记，不发生效力，但法律另有规定的除外。依法属于国家所有的自然资源，所有权可以不登记。”这就是法律界所称的“物权公示”原则。由此可以看出，除国家外，其他人（法人、集体组织、自然人等）享有不动产物权应当进行登记，形成法律效力；未经登记，不产生物权效力。而案涉房屋登记在黎某霞个人名下，依据“物权公示”原则，案涉房屋对外的法定产权人为黎某霞，黎某霞有权独自处分案涉房屋，而中介公司和林某仁根据房屋产权证的记载认定黎某霞为案涉房屋的法定产权人并无过错，因此，有充分理由相信黎某霞可以独自处分案涉房屋。

其次，《最高人民法院关于审理买卖合同纠纷案件适用法律问题的解释》第三条第一款规定“当事人一方以出卖人在缔约时对标的物没有所有权或者处分权为由主张合同无效的，人民法院不予支持”。《广东省高级人民法院关于审理房屋买卖合同纠纷案件的指引》第七条规定“部分共有人擅自出卖共有房屋的，当事人主张合同无效的，不予支持”。本案中，涉案房屋的房产证登记在黎某霞一人名下，且签订《房屋买卖合同》时，黎某霞是与何某华确认过是否同意出售涉案房屋的，何某华当时并无提出任何异议，事后何某华再以黎某霞无权处分双方共有房产且事后也未得到其追认为由，主张涉案《房屋买卖合同》无效于法无据。

综上，法院认定《房屋买卖合同》合法有效，驳回何某华的诉讼请求是合理合法的，也利于维护社会诚信和交易的稳定。

▶ 关联法条

1.《婚姻法》

第十七条 夫妻在婚姻关系存续期间所得的下列财产，归夫妻共同所有：

（一）工资、奖金；

（二）生产、经营的收益；

（三）知识产权的收益；

（四）继承或赠与所得的财产，但本法第十八条第三项规定的除外；

（五）其他应当归共同所有的财产。

第十八条 有下列情形之一的，为夫妻一方的财产：

（一）一方的婚前财产；

（二）一方因身体受到伤害获得的医疗费、残疾人生活补助费等费用；

（三）遗嘱或赠与合同中确定只归夫或妻一方的财产；

（四）一方专用的生活用品；

（五）其他应当归一方的财产。

2.《最高人民法院关于审理买卖合同纠纷案件适用法律问题的解释》

第三条 当事人一方以出卖人在缔约时对标的物没有所有权或者处分权为由主张合同无效的，人民法院不予支持。

3.《广东省高级人民法院关于审理房屋买卖合同纠纷案件的指引》

七、当事人以房屋买卖合同存在下列情形之一为由主张合同无效的，不予支持：

（一）出卖人未领取权属证书的；

（二）买卖未经抵押权人同意的；

（三）买卖未经预告登记权利人同意的；

（四）房屋被国家机关依法采取查封等强制措施的；

（五）部分共有人擅自出卖共有房屋的；

（六）按份共有人违反法律规定转让其份额，侵害其他共有人优先购买权的；

（七）出租人违反法律规定出售房屋，侵害承租人优先购买权的；

（八）违反政府房地产市场调控政策，但不违反法律、行政法规效力性强制性规定或者公序良俗的。

4.《物权法》

第六条 不动产物权的设立、变更、转让和消灭，应当依照法律规定登记。

第九条 不动产物权的设立、变更、转让和消灭，应依法登记，发生效力；未经登记，不发生效力，但法律另有规定的除外。

依法属于国家所有的自然资源，所有权可以不登记。

典型案例 27

离婚时双方在离婚协议中约定将婚后购买但登记在男方名下的房屋归女方所有，但男方在将房子过户至女方名下前私自将房屋出售，男方出售房屋的行为有效吗？

▶ 法律要点

离婚协议中约定离婚后夫妻共有房产的所有权归女方所有的，男方无权出售涉案房屋，但男方在将房子过户至女方名下前，私自将房屋出售，若买方的买房行为构成善意取得，则男方与买方签订的《房屋买卖合同》有效。

▶ 案情介绍

张某妍与周某波为夫妻关系。2015 年 3 月 7 日，张某妍与周某波因夫妻感情破裂双方协商一致协议离婚，并在民政局办理了离婚登记手续。关于夫妻关系存续期间的财产分配问题，张某妍与周某波签订的《离婚协议》约定：“婚后取得的登记在周某波名下的位于佛山市南海区 ×× 北路 ×× 花园 × 栋 × 房（下称涉案房屋）产权归张某妍所有，房屋的按揭贷款由周某波继续支付月供，直至贷款全部还清为止；因办理过户手续涉及提前还贷等问题，待按揭贷款还清以后张某妍随时可以要求周某波配合办理过户手续；按揭贷款未还清前，案涉房屋由周某波占有使用，但周某波不得擅自出售、出租、再抵押案涉房屋；等等。”

2016 年 10 月 8 日，因做生意资金周转困难，周某波（卖方）在张某妍不知情的情况下，通过中介公司与李某文（买方）签订了《二手房买卖合同》，约定卖方将涉案房屋以 108 万元的价格出售给买方，付款方式为涂销抵押登记后一次性付款。同时，还约定，定金 5 万元，首期款 58 万元（含定金）待周某波向银行申请提前还款且银行通知后三日内支付到周某波的银行还款账户，剩余楼款等领取不动产权登记证当天一次性支付。收齐楼款当天周某波负责交楼并办理水电过户手续等等。

签订合同后，在中介公司的协助下，合同履行得相当顺利。2016 年 12 月 12 日双方到房地产交易登记中心办理过户手续，2016 年 12 月 28 日李某文领取不动产登记产权证并支付了剩余的 50 万元楼款，周某波也如期将房屋交付给李某文装修入住。

2017 年 3 月 8 日，李某文以案涉房屋抵押向银行贷款 100 万元。

2017 年 5 月，张某妍得知涉案房屋已被周某波擅自出售，且已登记在李某文名下，很生气，认为房子是自己的，周某波无权处分自己的房子，因此张某妍要求周某波及李某文配合将涉案房屋过户至自己名下，由此产生的所有费用由周某波及李某文承担，但周某波与李某文均拒绝配合，且李某文认为其已经合法购得涉案房屋，张某妍无权要求返还。

基于上述情况，张某妍向法院提起诉讼，要求法院确认周某波与李某文签订的《二手房买卖合同》无效。

庭审中，张某妍认为，案涉房屋早在 2015 年 3 月离婚时已经明确约定归自己所有，而周某波在明知其没有产权的情况下，仍与李某文交易，且周某波与李某文的交易价格明显低于市场价格，属于恶意串通，损害其利益。为了证明周某波与李某文是恶意串通以低于同期市场价的低价转让涉案房屋，张某妍向法院申请对涉案房屋在 2016 年 10 月 8 日同期的市场价格进行评估。法院依法委托佛山市某房地产评估有限公司对涉案房产在 2016 年 10 月 8 日同期的市场价值进行评估。该公司向法院出具《房地产估价报告》，载明涉案房屋在 2016 年 10 月 8 日的市场价值为 102 万元。张某妍虽对该估价报告提出异议，认为涉案房屋市场价值最少在 130 万元以上，但其未向法院提交重新评估的申请，也未提供涉案房屋的市场价值的相关证据。

李某文为了证明其与周某波之间为真实的交易关系，并已经支付了合理的对价，李某文向法院提交了《二手房买卖合同》、周某波出具的 108 万元的《收款收据》以及银行付款流水，同时，中介公司也出庭作证，证明周某波是持房产证原件来放盘的，李某文是在其居间下正常看房后成交的，交易价格基本符合市场整体价格，并未明显过低。

▶ 争议焦点

1. 周某波将涉案房屋出售给李某文的行为是否为无权处分?

2. 周某波与李某文签订的《二手房买卖合同》是否属于无效合同?

3. 李某文能否构成善意取得?

▶ 法院判决

经审理，法院认为涉案房屋为周某波与张某妍的夫妻共同财产，且离婚时已约定涉案房屋归张某妍所有，因此，周某波是无权处分案涉房屋的，但买方李某文符合善意买受人的要件，且涉案房屋已经完成了过户交易手续，法院依法认定周某波与李某文签订的《二手房买卖合同》是有效的，因此，法院判决驳回张某妍的诉讼请求。

▶ 律师解析

1. 周某波将涉案房屋出售给李某文的行为是无权处分行为。

涉案房屋系张某妍与周某波婚后购买的房产，应为夫妻共同财产，但在张某妍与周某波离婚时，双方已约定涉案房屋归张某妍所有，故周某波处分涉案房屋的行为系无权处分。

2. 周某波与李某文签订的《二手房买卖合同》为有效合同。

涉案房屋虽在离婚协议中约定归张某妍所有，但根据《物权法》第九条“不动产物权的设立、变更、转让和消灭，经依法登记，发生效力；未经登记，不发生效力，但法律另有规定的除外”的规定，由于案涉房屋并未办理房屋析产手续，故尚未发生物权变更的法律效力。

同时，根据《最高人民法院关于审理买卖合同纠纷案件适用法律问题的解释》第三条“当事人一方以出卖人在缔约时对标的物没有所有权或者处分权为由主张合同无效的，人民法院不予支持”的规定，周某波虽然无权处分涉案房屋，但涉案《房屋买卖合同》依据上述规定仍然是有效的。

3. 李某文的购房行为构成善意取得。

签署《房屋买卖合同》时，周某波向中介公司以及李某文隐瞒了其与张某妍已经离婚且涉案房屋归张某妍所有的事实，而其时周某波提供的房屋查册表却清晰表明周某波仍为涉案房屋唯一的产权人。张某妍虽提出涉案房屋交易价格明显低于市场价值，但第三方评估机构所做的价值评估值与实际成交价格相差并不大，且中介公司也作证证明张某妍是在该公司的居间下购买案涉房屋的，且房屋的交易价格符合正常市场价格，因此，不存在与周某波恶意串通的故意。并且，案涉房屋已经通过正常交易流程完成了过户交易手续，目前案涉房屋已经登记在买方李某文的名下，李某文亦已经履行了支付全部购房款的义务，且也已经收楼装修入住。因此，根据《物权法》第一百零六条“无处分权人将不动产或者动产转让给受让人的，所有权人有权追回；除法律另有规定外，符合下列情形的，受让人取得该不动产或者动产的所有权：（一）受让人受让该不动产或者动产时是善意的；（二）以合理的价格转让；（三）转让的不动产或者动产依照法律规定应当登记的已经登记，不需要登记的已经交付给受让人”之规定，买方李某文符合善意买受人的条件。

当然，按前述规定，张某妍虽要不回涉案房屋，但其可以向周某波追偿其全部损失。

▶ 关联法条

1.《物权法》

第九条 不动产物权的设立、变更、转让和消灭，经依法登记，发生效力；未经登记，不发生效力，但法律另有规定的除外。

第一百零六条 无处分权人将不动产或者动产转让给受让人的，所有权人有权追回；除法律另有规定外，符合下列情形的，受让人取得该不动产或者动产的所有权：

（一）受让人受让该不动产或者动产时是善意的；

（二）以合理的价格转让；

（三）转让的不动产或者动产依照法律规定应当登记的已经登记，不需要登记的已经交付给受让人。

受让人依照前款规定取得不动产或者动产的所有权的，原所有权人有权向无处分权人请求赔偿损失。

2.《最高人民法院关于审理买卖合同纠纷案件适用法律问题的解释》

第三条 当事人一方以出卖人在缔约时对标的物没有所有权或者处分权为由主张合同无效的，人民法院不予支持。

典型案例 28

保姆持遗赠扶养协议、产权人儿子持遗嘱，二人争房，过世老人的房子究竟应该给谁？

▶ 法律要点

被继承人生前与他人订有遗赠扶养协议，同时又立有遗嘱的，继承开始后，如果遗赠扶养协议与遗嘱没有抵触，遗产分别按遗赠扶养协议和遗嘱处理；如果有抵触，按遗赠扶养协议处理，与遗赠扶养协议相抵触的遗嘱部分无效。

▶ 案情介绍

徐某斌与妻子周某梅结婚后育有一子徐某浩，1998 年周某梅因病去世。周某梅去世后，徐某斌的儿子独自搬到外面居住，对徐某斌不闻不问。2001 年，徐某斌身体每况愈下，就聘请了保姆王某玉照顾自己。2009 年，徐某斌查出身患恶性淋巴癌，得知徐某斌的病情后，保姆王某玉一直悉心照顾徐某斌。2013 年 3 月 18 日，徐某斌与保姆王某玉签订了遗赠扶养协议书，协议书中陈述："双方于 2001 年认识，王某玉在生活上悉心照顾徐某斌，自 2007 年年底，遗赠人身体感觉不适，后查出患恶性淋巴瘤晚期，胸部以下全无知觉，大小便失禁，生活完全不能自理，完全得依靠王某玉的照顾。经双方协商，愿意签订遗赠抚养协议，双方承诺履行以下协议：一、徐某斌愿将自己现居住的位于广州市 ×× 路 ×× 号 202

号房赠给王某玉。二、王某玉保证悉心照顾徐某斌，徐某斌的饮食起居、吃喝拉撒都由王某玉照顾，使其在重病期间尽可能地提高生活质量，直至徐某斌病故。徐某斌去世后，由王某玉负责送终安葬，并每年不定期地对徐某斌的墓地进行清扫和祭奠，及后期墓地管理费用的支付。三、王某玉应负对遗赠财产的维护责任，保留徐某斌在世时的布置风格，以表对徐某斌的纪念，且不得随意处理遗赠的财产。如果王某玉故意将财产损坏，变换其原有的风格，或者送给他人的，徐某斌有权要求王某玉修理、更换或者收回；王某玉拒不修理、更换或者收回的，徐某斌有权终止协议。四、本协议自签订之日起生效。本协议一式两份，徐某斌、王某玉各一份。”

2013 年 8 月，徐某斌病故后，王某玉按照遗赠扶养协议的约定为徐某斌送终安葬，之后王某玉一家就一直居住在涉案房屋内。2014 年 4 月 3 日，徐某斌之子徐某浩找上门来，要求王某玉立即搬离案涉房屋，并拿出房产证表明涉案房屋为其所有。这又是怎么回事呢?

原来，徐某浩得知其父亲去世后，便拿着其父亲徐某斌于 1995 年 3 月 4 日写下的遗嘱并采用挂失产权证的方式将涉案房屋过户到了其自己名下。

王某玉得知此事后，将徐某浩告上法庭，要求撤销徐某浩的产权登记，并将涉案房产登记到王某玉名下。

庭审过程中，徐某浩辩称其父亲徐某斌在与王某玉签订《遗赠扶养协议》之前就已经立下《遗嘱》表明涉案房产由王某浩继承，且后期父亲身体状况不好，加之王某玉以不照顾父亲为由要挟父亲，父亲才在不情愿的情况下签下了《遗赠扶养协议》,《遗赠扶养协议》并非父亲的真实意思表示。为了证明上述内容，徐某浩提交了徐某斌于 1995 年 3 月 4 日写下的《遗嘱》。

王某玉则称徐某浩在徐某斌病故之前从未探望照顾过徐某斌，徐某斌的生活起居一直由其照顾,《遗赠扶养协议》是徐某斌主动提出来的，并不存在徐某浩所称的是受胁迫签订的，而且《遗赠扶养协议》签订在后，后协议应该取代前《遗嘱》。为了证明上述事实，王某玉提供了证人孙某（邻居）、秦某（徐某斌以前同事），还提供了徐某斌住院期间的病历、丧葬费用的支付凭证，证明王某玉一直悉心照顾徐某斌至其病故，病故后也按照协议为其送终。

▶ 争议焦点

1. 徐某斌与王某玉签订的《遗赠扶养协议》是否真实有效?

2. 如果《遗赠扶养协议》是真实有效的，王某玉是否已经按照协议履行了相应义务?

3. 徐某斌做出的《遗嘱》与《遗赠扶养协议》内容冲突了，应以哪个为准?

▶ 法院判决

经审理，法院认为根据王某玉提供的证据可以证明涉案《遗赠扶养协议》是徐某斌的真实意思表示，王某玉也已按照协议履行了照顾徐某斌、为其送终等义务，而且我国继承法明确规定当《遗嘱》与《遗赠扶养协议》发生冲突时,《遗赠扶养协议》的效力优先于《遗嘱》继承。因此，法院判决撤销徐某浩的产权登记，将案涉房屋登记到王某玉名下。

▶ 律师解析

1.《遗赠扶养协议》为徐某斌与王某玉的真实意思表示，真实有效。王某玉提供的《遗赠扶养协议》形式及内容合法，不违反法律法规的强制性规定，而证人孙某、秦某证实徐某斌生前曾多次表示欲将涉案房屋赠送给王某玉，与该《遗赠扶养协议》的内容是相互印证的，构成了相对完整的证据链条，而徐某浩却未提供相反的证据证明《遗赠扶养协议》是违法的，因此，该《遗赠扶养协议》最终被认定为是合法有效的。

2. 王某玉已按协议履行附随义务。王某玉与徐某斌自 2001 年起即共同生活，徐某斌患病期间王某玉也一直在旁照顾，对此，证人孙某、秦某也予以证实该事实。徐某斌去世后，王某玉也参与操办徐某斌的丧葬事宜，并承担了部分费用。故王某玉已履行了《遗赠扶养协议》所约定的义务，应当享有在遗赠人去世后获得遗赠财产的权利。

3. 徐某斌做出的《遗嘱》与《遗赠扶养协议》内容产生冲突，应以《遗赠扶养协议》为准。根据《中华人民共和国继承法》（下称《继承法》）的规定，继承开始后，按照法定继承办理；有遗嘱的，按照遗嘱继承或者遗赠办理；有遗赠扶养协议的，按照协议办理。遗赠扶养协议的效力优先于遗嘱继承和法定继承。因此，本案应以《遗赠扶养协议》为准，徐某浩无权继承涉案房屋。

▶ 关联法条

《继承法》

第二条 继承从被继承人死亡时开始。

第五条 继承开始后，按照法定继承办理；有遗嘱的，按照遗嘱继承或者遗赠办理；有遗赠扶养协议的，按照协议办理。

第三十一条 公民可以与扶养人签订遗赠扶养协议。按照协议，扶养人承担该公民生养死葬的义务，享有受遗赠的权利。

典型案例 29

弟弟擅自将父亲遗留下来的老房子卖了，外嫁的姐姐提起诉讼，请求确认弟弟与买方签订的房屋买卖合同无效，买方能否顺利购得房屋呢？

▶ 法律要点

房屋所有权人死亡后，其部分继承人未经其他继承人同意出售产权证仍登记在被继承人名下的房屋，出售房屋的继承人与买方签订的房屋买卖合同有效，但因为出售房屋的继承人未取得其他继承人同意导致房屋无法办理过户手续，买方可追究无权处分的继承人的违约责任。

▶ 案情介绍

陈某娟与张某棋是夫妻关系，均为汕头市人，婚后育有儿子张某杰与女儿张某香。张某棋名下有一套市中心区某小区的电梯三居室（下称案涉房屋），妻子陈某娟已在十几年前就因病去世，老伴去世后，张某棋一直随儿子张某杰居住，2012 年年初张某棋自己也死于交通事故。

张某棋死亡后，由于女儿张某香已外嫁他市，其儿子张某杰一直居住在案涉房屋里。后由于张某杰结婚生育了小孩，希望将案涉房屋出售，重新购买面积大一点的房屋进行居住。

2015 年 12 月 15 日，张某杰通过中介公司与买方秦某江签订了《房地产买卖合同》。该《房地产买卖合同》主要载明“该房地产的总房价款为捌拾陆万元整（¥860000.00）；买方在签署本合同时支付购房定金 6 万元整给卖方，剩下余款 80 万元整在递件过户当天一次性付清；卖方承担该房地产过户过程中按规定向有关政府部门交纳的税费和费用。双方约定卖方在 2016 年 1 月 15 日前交付房屋给买方使用；卖方保证已取得其余继承人的同意并保证其他继承人配合买方办理交易手续，2016 年 2 月 25 日前需办妥继承公证手续，在 2016 年 3 月 5 日前配合买方办妥交易手续”。关于违约问题，合同约定：“因买方或卖方违反本合同约定，如拒不配合提供交易所需资料或逾期办理交易继承手续、逾期交付物业、逾期支付购房款以及任何一方隐瞒或所提供的资料不真实、不完整、不合法、不准确等情形，或因买方或卖方其他因素，从而导致本合约的目的不能实现，则：1. 逾期未超过十天的，违约方须按总购房款的 0.5% 每日向守约方支付违约金。2. 逾期超过十天仍未能履行的，守约方有权解除合同并要求违约方支付等额于总楼价 10% 的违约金。守约方应向违约方发出解除合同通知书，如卖方违约则卖方已收的购房款应于解除合同通知书发出之日起五天内退还买方，如买方违约则买方应于解除合同通知书发出之日起五天内无条件将该房地产归还给卖方。……”

张某杰作为卖方与买方秦某江分别在该《房地产买卖合同》上签名和捺指模，汕头市潮阳市某房地产代理有限公司作为经纪方亦在该《房地产买卖合同》上加盖公章。

张某杰与秦某江签订《房地产买卖合同》当天，秦某江即支付购房定金 6 万元给张某杰，并由张某杰出具《购房定金收据》给秦某江。

2016 年 1 月 7 日，张某杰告知其姐姐张某香，其已经与他人签订房屋买卖合同将案涉房屋出售，要求张某香协助其到公证处办理继承公证手续，然后配合买方办理过户，但张某香却认为，案涉房屋为父亲留下的遗产不能出售，她也有份，而且即便要出售张某杰也应该要先经过她的同意，而张某杰却认为，按潮汕地区的习俗，父母的遗产分男不分女，只有儿子才有继承权，女儿是无权继承的。姐弟俩争执不下，后张某香明确表示不同意出售案涉房屋，并要求张某杰与买方解除《房地产买卖合同》。

由于张某香不配合办理相关手续，张某杰无法按照与买方秦某江签订的《房地产买卖合同》的约定办妥遗产继承的手续并配合买方办理过户手续，因此秦某江将张某杰与张某香告上法庭，要求两人配合办理上述房屋的交易过户手续并支付违约金。

庭审过程中，秦某江提交了其与张某杰签订的《房地产买卖合同》、定金转账凭证用于证明张某杰承诺其余继承人可配合办理过户手续，否则承担违约责任。

张某香提交了案涉房屋的房产信息、母亲的死亡证明、父亲的死亡证明、户口本以证明案涉房屋为父亲的遗产其与其弟弟张某杰是案涉遗产的合法继承人，对于案涉房屋，其也拥有1/2的产权，若张某杰要出售案涉房屋，就必须要经过她的同意，否则张某杰签订的《房地产买卖合同》为无效合同。

▶ 争议焦点

1. 张某杰与秦某江签订的《房地产买卖合同》是否有效?

2. 秦某江要求张某杰、张某香配合办理过户手续的诉请能否得到支持?

▶ 法院判决

经审理，法院认为张某香为案涉房屋的合法继承人之一，张某杰擅自出售案涉房屋为无权处分，但张某杰的无权处分行为不影响合同的效力，因此法院确认双方签订的《房地产买卖合同》有效，但张某杰无法履行将房屋过户的义务，违反了合同约定，应按合同约定标准向秦某江支付违约金，同时，由于张某香明确表示不同意出售案涉房屋，因此房屋亦不具备过户交易的条件，因此，经法官释明，秦某江变更诉讼请求为解除涉案的《房地产买卖合同》，并判令张某杰承担总楼价10%，即8.6万元的违约金。法院最终判决解除涉案的《房地产买卖合同》，并判令张某杰向秦某江支付8.6万元的违约金。

▶ 律师解析

1. 关于张某杰与秦某江签订的《房地产买卖合同》是否有效的问题。

原产权人张某棋去世后，案涉房屋成为遗产，陈某娟早于张某棋离世，且双方父母也均早已去世，因此，根据《继承法》第十条的规定“遗产按照下列顺序继承：第一顺序：配偶、子女、父母”，张某香与张某杰均作为第一顺位继承人，都享有上述房屋1/2的产权。

庭审中，虽然张某杰与张某香均承认，潮汕地区确实有父母的遗产分男不分女的习俗，但该习俗本身就违背了社会“公俗良序”精神，其不能以此代替法律，更不能否定法律，因此，该理由并不能否定张某香的遗产继承的权利。本案中，房屋的继承人为张某杰与张某香，现张某杰未经张某香的同意和授权，单方出售案涉房屋，其无权处分张某香的权利。

但是，《最高人民法院关于审理买卖合同纠纷案件适用法律问题的解释》第三条规定：“当事人一方以出卖人在缔约时对标的物没有所有权或者处分权为由主张合同无效的，人民法院不予支持。出卖人因未取得所有权或者处分权致使标的物所有权不能转移，买受人要求出卖人承担违约责任或者要求解除合同并主张损害赔偿的，人民法院应予支持。”因此，根据上述规定，尽管张某杰无权处分张某香的权利，但其可以处分属于自己的权益份额，而且即便张某杰无权处分，也无法否定该买卖合同的效力。综上，该《房地产买卖合同》有效。

2. 关于秦某江要求张某杰、张某香配合办理过户手续的诉请能否得到支持的问题。

根据《物权法》第九十七条“处分共有的不动产或者动产以及对共有的不动产或者动产作重大修缮的，应当经占份额三分之二以上的按份共有人或者全体共同共有人同意，但共有人之间另有约定的除外”的规定，虽然张某杰与秦某江签订的《房地产买卖合同》有效，但由于该房屋还涉及其他共有权人的权利，该协议能否履行需要得到其他共有权人的确认。由于张某棋的妻子已经去世，即该房屋的共有权人为张某香、张某杰，在张某香明确表示不同意履行该合同的情况下，该合同无法履行，亦即秦某江要求张某杰、张某香协助将案涉房屋所有权过户给秦某江的请求，得不到法院的支持。

3. 关于秦某江要求张某杰承担违约赔偿责任的诉请能否得到支持的问题。

签订《房地产买卖合同》，即意味着作为出卖人的张某杰有义务将案涉房屋顺利过户给买方秦某江，这是其基本义务。现由于张某杰未经其他继承人同意和授权单方签订《房地产买卖合同》而导致最终案涉房屋无法正常过户给买方秦某江，属于根本违约行为，因此，根据合同约定，其应承担违约赔偿责任。

▶ 关联法条

1.《继承法》

第十条 遗产按照下列顺序继承：

第一顺序：配偶、子女、父母。

第二顺序：兄弟姐妹、祖父母、外祖父母。

继承开始后，由第一顺序继承人继承，第二顺序继承人不继承。没有第一顺序继承人继承的，由第二顺序继承人继承。

2.《最高人民法院关于审理买卖合同纠纷案件适用法律问题的解释》

第三条 当事人一方以出卖人在缔约时对标的物没有所有权或者处分权为由主张合同无效的，人民法院不予支持。出卖人因未取得所有权或者处分权致使标的物所有权不能转移，买受人要求出卖人承担违约责任或者要求解除合同并主张损害赔偿的，人民法院应予支持。

3.《物权法》

第九十七条 处分共有的不动产或者动产以及对共有的不动产或者动产作重大修缮的，应当经占份额三分之二以上的按份共有人或者全体共同共有人同意，但共有人之间另有约定的除外。

典型案例 30

离婚后，一方发现在婚姻关系存续期间另一方为情人买了房子并过户到情人名下，情人又将房屋出售给第三人，一方还能追回房子吗？

▶ 法律要点

另一方婚内以夫妻共同财产购买房产并赠与情人的行为无效，

一方可要求另一方的情人返还房产，但若另一方的情人已将房屋出售给第三人，且第三人为善意买受人，则无权要求第三人返还房屋，只能向另一方的情人要求返还购房款或赔偿损失。

▶ 案情介绍

张某郎和范某帆经人介绍，双方于 2008 年 3 月在广州市某区民政局登记结婚，由于双方感情基础薄弱，三天一小吵五天一大吵。

2011 年 11 月，张某郎出差深圳期间，认识了廖某田，双方随即陷于热恋中。

2012 年 4 月，张某郎和中介公司、业主梁某深签订了《二手房买卖合同》，以张某郎名义在深圳市某区购置了一套价值 500 万元的三居室的房产（下称案涉房屋），并从其工商银行卡上直接汇款 200 万元首付款至梁某深，在办理房产过户手续后再从其中国银行卡上支付了剩余尾款 300 万元楼款。之后，张某郎经常以出差为由至深圳与廖某田在该房产中同居，并以夫妻相称。廖某田虽知道张某郎的已婚身份，但仍和他继续交往。

2014 年 7 月，在廖某田的强烈要求下，张某郎将深圳的房产过户给了廖某田。

2015 年 11 月，张某郎以感情不和为由，和妻子范某帆离婚，并与廖某田过起了同居的生活。

2016 年 10 月，范某帆通过朋友了解到张某郎的上述行为后找上廖某田，认为张某郎无权处分婚内共同财产，损害了其合法权益，要求廖某田将案涉房屋退还张某郎并按夫妻共同财产进行分割。而廖某田却坚决不肯，因为房产证是自己的，那么案涉房屋也理所当然是自己的。为了避免范某帆的吵闹，廖某田将案涉房屋通过中介公司偷偷地出售给第三人李某琪，不仅与李某琪签订了《房屋买卖合同》，还收取了李某琪定金 2 万元。

范某帆知道廖某田已将房屋出售给第三人，急忙向法院对廖某田和张某郎提起诉讼，要求撤销张某郎与廖某田之间的产权过户行为，并将案涉房屋重新登记回张某郎名下。为了确保涉案房屋能重新登记回张某郎名下，范某帆还查封了案涉房屋。廖某田与李某琪的交易也因此无法继续履行，廖某田因此双倍返还李某琪 4 万元。

庭审过程中，廖某田提出，涉案房屋登记在自己名下即归自己所有，与范某帆无关，甚至与张某郎也无关，即使涉及张某郎与妻子范某帆的共同财产处分，张某郎也应占有共同财产中的一半，因此，属于张某郎那部分的赠与是有效的，即使返还也只能返还该涉案房屋的 50% 的产权。

▶ 争议焦点

1. 被告张某郎过户给被告廖某田的房产是否属于夫妻共同财产？

2. 被告张某郎将案涉房屋过户给被告廖某田的行为是否合法有效？

3. 如果张某郎的赠与行为无效，是部分无效还是全部无效？

▶ 法院判决

经审理，法院认为：首先，婚外同居者的赠与，有损公共秩序、善良风俗。根据民事法律行为的价值和法律保护的价值取向，这类赠与应当归于无效。被告廖某田明知张某郎有妻子，但仍然保持与被告张某郎的不正常往来，其行为有违公序良俗原则。其次，在夫妻关系存续期间，夫妻共同财产是一个不可分割的整体。夫妻一方将共有财产赠与他人属于对共有财产的处分，未经配偶同意，处分行为无效，配偶向法院主张返还的，应予支持。张某郎用夫妻共同财产购买房产并赠与第三者，严重损害了范某帆的财产权益。同时，被告廖某田取得涉案房屋亦非属善意取得，故法院判决撤销张某郎与廖某田之间的产权过户行为，并将案涉房屋重新登记回张某郎名下。

▶ 律师解析

1. 涉案房屋应为夫妻共同财产。

《婚姻法》第十七条规定："夫妻在婚姻关系存续期间所得的下列财产，归夫妻共同所有：（一）工资、奖金；（二）生产、经营的收益；（三）知识产权的收益；（四）继承或赠与所得的财产，但本法第十八条第三项规定的除外；（五）其他应当归共同所有的财产。"

本案中，张某郎和范某帆于2008年登记结婚，涉案房屋于2012年张某郎一次性付款购买，双方于2015年离婚。该涉案房产为婚后所购财产，即便涉案房屋仅登记在张某郎一人名下，但这不影响涉案房屋为夫妻共同财产的认定。

2. 张某郎将房产赠与廖某田的行为无效。

我国《婚姻法》第三条规定"禁止有配偶者与他人同居"以及

第四条规定“夫妻应当互相忠实”，张某郎在已有配偶的情况下与廖某田婚外同居的行为违反了婚姻法的禁止性规定，双方的同居关系属于违法关系。虽然我国婚姻法对夫妻一方擅自处分共同财产缺乏针对性的明确规定，但根据《民法通则》第七条关于“公序良俗”的规定、《物权法》第七条的规定“物权的取得与行使，应当遵照法律，尊重社会公德，不得损害公共利益和他人的合法权益”，以及《合同法》第五十二条的规定“有下列情形之一的，合同无效：……（二）恶意串通，损害国家、集体或者第三人利益”，被告廖某田在明知张某郎有配偶的情况下，仍然与张某郎保持不正常往来，廖某田以张某郎补偿其“青春损失费”为抗辩理由有悖社会“公序良俗”的良善原则，严重损害了范某帆的合法权益，根据民事法律行为的价值和法律保护的价值取向，该类赠与应当归于无效。

3. 范某帆可主张追回全部房产份额。

（1）根据《最高人民法院关于适用〈中华人民共和国婚姻法〉若干问题的解释（一）》第十七条的规定“非因日常生活需要对夫妻共同财产做重要处理决定，双方应平等协商，取得一致意见”、《物权法》第九十七条的规定“处分共有的不动产或者动产……应当经全体共同共有人同意……”以及《物权法》第一百零六条的规定“无处分权人将不动产或者动产转让给受让人的，所有权人有权追回”，当财产被他人无合法依据占有时，所有权人有权根据物权的追及效力要求非法占有人返还财产。夫妻中的受害方可以行使物上请求权，以配偶和婚外同居者为共同被告，请求法院判令其返还财产。

（2）那一方要求返还财产是按照一半返还还是全部返还呢？我国《婚姻法》第十九条规定：“夫妻可以约定婚姻关系存续期间所得的财产以及婚前财产归各自所有、共同所有或部分各自所有、部分共同所有。约定应当采用书面形式。没有约定或约定不明确的，适用本法第十七条、第十八条的规定。”因此，在夫妻双方未书面约定选择其他财产制的情形下，夫妻对共同财产形成共同共有，而非按份共有。根据共同共有的一般原理，在婚姻关系存续期间，夫妻共同财产应作为一个不可分割的整体，夫妻对全部共同财产不分份额地共同享有所有权，夫妻双方无法对共同财产划分个人份额，在没有重大理由时也无权于共有期间请求分割共同财产。虽然《最高人民法院关于适用〈中华人民共和国婚姻法〉若干问题的解释（一）》第十七条有对于“夫或妻对夫妻共同所有的财产有平等的处分权”的规定，但这并不意味着夫妻各自对共同财产享有一半的处分权，该条款应该理解为：夫妻一方擅自将共同财产赠与他人的行为应为全部无效，而非部分无效。

本案中，张某郎在范某帆不知情下，私自将共有房产赠与廖某田，显然不是因日常生活需要而处理夫妻共同财产的行为，该行为明显侵犯了范某帆的合法财产权益，而廖某田明知张某郎有配偶仍与其婚外同居并接受大额财产的赠与，显然也不能视为善意第三人。在范某帆事先不知情、事后未追认的情况下，该赠与行为应认定为无效。故范某帆可起诉请求确认赠与无效、返还夫妻共同财产。需要强调的是，这里返还的共同财产，应是全部返还，而非仅返还配偶一方在共同财产中所占有的份额。

当然，案涉房屋重新登记到张某郎名下后，双方应按夫妻共同财产进行分割和处分。本案中，廖某田将案涉房屋出售中给买方李某琪，如果李某琪在不知情的情况下支付了全部或大部房款且涉案房屋已经过户的情况下，李某琪将构成善意买受人，将导致涉案房屋实际已经无法返回，范某帆只能主张廖某田返还购房款并赔偿损失。本案中，幸而范某帆及时查封了涉案的房屋才最终实现了要回房屋的诉求。

▶ 关联法条

1.《婚姻法》

第三条 禁止有配偶者与他人同居。

第四条 夫妻应当互相忠实，互相尊重。

第十七条 夫妻在婚姻关系存续期间所得的下列财产，归夫妻共同所有：

（一）工资、奖金；

（二）生产、经营的收益；

（三）知识产权的收益；

（四）继承或赠与所得的财产，但本法第十八条第三项规定的除外；

（五）其他应当归共同所有的财产。

夫妻对共同所有的财产，有平等的处理权。

第四十七条 离婚时，一方隐藏、转移、变卖、毁损夫妻共同财产，或伪造债务企图侵占另一方财产的，分割夫妻共同财产时，对隐藏、转移、变卖、毁损夫妻共同财产或伪造债务的一方，可以少分或不分。离婚后，另一方发现有上述行为的，可以向人民法院提起诉讼，请求再次分割夫妻共同财产。

2.《最高人民法院关于适用〈中华人民共和国婚姻法〉若干问题的解释（一）》

第十七条 婚姻法第十七条关于“夫或妻对夫妻共同所有的财产，有平等的处理权”的规定，应当理解为：

（一）夫或妻在处理夫妻共同财产上的权利是平等的，因日常生活需要处理夫妻共同财产的，任何一方均有权决定。

（二）夫或妻非因日常生活需要对夫妻共同财产做重要处理决定，夫妻双方应当平等协商，取得一致意见。他人有理由相信其为夫妻双方共同意思表示的，另一方不得以不同意或不知道为由对抗善意第三人。

3.《民法通则》

第七条 民事活动应当尊重社会公德，不得损害社会公共利益，扰乱社会经济秩序。

4.《物权法》

第七条 物权的取得与行使，应当遵照法律，尊重社会公德，不得损害公共利益和他人的合法权益。

第九十七条 处分共有的不动产或者动产以及对共有的不动产或者动产作重大修缮的，应当经占份额三分之二以上的按份共有人或者全体共同共有人同意，但共有人之间另有约定的除外。

第一百零六条 无处分权人将不动产或者动产转让给受让人的，所有权人有权追回。

5.《合同法》

第五十二条 有下列情形之一的，合同无效：

（一）一方以欺诈、胁迫的手段订立合同，损害国家利益；

（二）恶意串通，损害国家、集体或者第三人利益；

（三）以合法形式掩盖非法目的；

（四）损害社会公共利益；

（五）违反法律、行政法规的强制性规定。

第五篇

05

经济适用房、房改房、农村私有房屋买卖纠纷典型案例

典型案例 31

不符合上市交易条件，业主转让经济适用房的行为有效吗？

► 法律要点

经济适用住房属于政策性住房，购房人拥有有限产权。购买经济适用住房不满 5 年，不得直接上市交易。未满足相关条件就自行出售的行为改变了保障住房的性质，也违反了国家行政法规的强制性规定，其转让行为无效。

► 案情介绍

陈某为广州某大学老师。2012 年年底，在陈某即将退休前，学校为了保障退休老师老有所依，决定分配一套二居室的职工保障住房（以下称涉案房屋）给陈某，陈某只需缴纳建房成本 162800 元，但该房尚在施工建设中，预计 2013 年年底交房。该房属于经济适用房的性质，未经单位许可且 5 年内不得对外销售。

因陈某的独生女儿嫁到外省，且生了孩子需要人照顾，陈某便想着把该处经济适用房卖了去女儿所在的城市居住。由于该房位于大学校园，环境优美，交通便利，且价格便宜，陈某很快便通过中介公司找到了买方杨某星。2013 年 7 月 8 日，在中介公司的居间下，陈某与杨某星就该经济适用房签订了《房屋买卖合同》，合同约定，陈某将涉案房屋（房屋建筑面积约 58 平方米）卖给杨某星，购房款为 38.8 万元。合同还约定，定金 5 万元于签订买卖合同当天支付，首期款 30 万元于陈某将涉案房屋交付使用当天支付，剩余的 3.8 万元于出具杨某星名字的房产证当天支付，交易过程中产生的任何税费，包括土地出让金等均由杨某星支付，同时，待陈某取得涉案房屋的产权证以后三十日内需配合杨某星办理产权过户手续，任何一方违约，均需向对方赔偿违约金 10 万元。合同签订当天，杨某星支付 5 万元定金给了陈某。

2014 年春节过后，单位通知陈某收楼，但陈某以外孙刚出生需要照顾为由一直拖延办理收楼手续。2014 年 5 月，当地房价开始快速上涨，陈某更是以各种理由拒绝再继续履行其与杨某星签订的《房屋买卖合同》。

之后，杨某星只能自己跑到陈某所在的学校要求学校将涉案经济适用房直接交付给其使用，但学校告知，这是单位的保障性住房，未经单位同意且未过 5 年不得对外销售，陈某对外销售是违法的。因此，学校拒绝了杨某星收楼的要求。

无奈，杨某星只能向法院提起诉讼，要求解除与陈某签订的《房屋买卖合同》，陈某返还自己购房定金 5 万元，并要求陈某依照合同约定支付违约金 10 万元。

庭审中，陈某认为，涉案房屋为经济适用（保障性）住房，是单位给其养老的福利分房，如果将该房出售给杨某星，将导致其老所无依，流离失所。同时，陈某认为，双方签订的《房屋买卖合同》

因违反国家政策和单位的要求，是无效的。

▶ 争议焦点

1. 杨某星与陈某签订关于经济适用房的《房屋买卖合同》是否有效?

2. 陈某是否有违约行为？是否需要承担违约责任?

▶ 法院判决

法院审理后认为，涉案房屋不具备上市交易的条件，杨某星亦无购买该房的资格，杨某星与陈某签订的《房屋买卖合同》无效。因此，法院判决杨某星 2013 年 7 月 8 日与陈某签订的《房屋买卖合同》无效，陈某返还购房定金 5 万元，并以 5 万元为基数，自 2013 年 7 月 8 日起，按银行同期贷款利率支付利息至其实际返还之日止。

▶ 律师解析

先来了解一下经济适用住房的概念和性质。根据《经济适用房管理办法》第二条的规定可知，经济适用住房是指政府提供政策优惠，限定套型面积和销售价格，按照合理标准建设，面向城市低收入住房困难家庭供应，具有保障性质的政策性住房。

涉案房屋是陈某所在单位为保障职工住房所建，必须为单位职工才有资格购买，价格较商品房偏低，属于经济适用住房范畴。

而《国务院关于解决城市低收入家庭住房困难的若干意见》第十一条规定，严格经济适用住房上市交易管理。经济适用住房属于政策性住房，购房人拥有有限产权。购买经济适用住房不满 5 年，不得直接上市交易，购房人因各种原因确需转让经济适用住房的，由政府按照原价格并考虑折旧和物价水平等因素进行回购。

按上述规定，涉案房屋在一定期限内不得出让，更不能倒卖、变卖以赚取差额利益。然而陈某在购房初期就将房屋转让，其行为改变了保障住房的性质，违背了单位为职工解决住房问题的初衷，也违反了《国务院关于解决城市低收入家庭住房困难的若干意见》第十一条等行政法规的强制性规定。因此，根据《合同法》第五十二条第四款的规定，案涉的《房屋买卖合同》应属无效。

而按照《合同法》第五十六条的规定，无效的合同或者被撤销的合同自始没有法律约束力。《合同法》第五十八条规定，合同无效或者被撤销后，因该合同取得的财产，应当予以返还；不能返还或者没有必要返还的，应当折价补偿。有过错的一方应当赔偿对方因此所受到的损失，双方都有过错的，应当各自承担相应的责任。因此，陈某应当返还杨某星已支付的购房定金 5 万元，而杨某星明知该房系学校的职工保障住房，自己不具备购房主体资格，仍与陈某签订《房屋买卖合同》，同样具有过错，其请求陈某支付违约金没有事实根据和法律依据。但考虑到陈某的主观过错大于杨某星且房屋升值等因素，兼顾公平合理原则，由陈某向杨某星支付利息也是合情合理合法的。

▶ 关联法条

1.《经济适用房管理办法》

第二条 本办法所称经济适用住房，是指政府提供政策优惠，限定套型面积和销售价格，按照合理标准建设，面向城市低收入住房困难家庭供应，具有保障性质的政策性住房。

2.《国务院关于解决城市低收入家庭住房困难的若干意见》

（十一）严格经济适用住房上市交易管理。经济适用住房属于政策性住房，购房人拥有有限产权。购买经济适用住房不满 5 年，不得直接上市交易，购房人因各种原因确需转让经济适用住房的，由政府按照原价格并考虑折旧和物价水平等因素进行回购。购买经济适用住房满 5 年，购房人可转让经济适用住房，但应按照届时同地段普通商品住房与经济适用住房差价的一定比例向政府交纳土地收益等价款，具体交纳比例由城市人民政府确定，政府可优先回购；购房人向政府交纳土地收益等价款后，也可以取得完全产权。上述规定应在经济适用住房购房合同中予以明确。政府回购的经济适用住房，继续向符合条件的低收入住房困难家庭出售。

3.《合同法》

第五十二条 有下列情形之一的，合同无效：

（一）一方以欺诈、胁迫的手段订立合同，损害国家利益；

（二）恶意串通，损害国家、集体或者第三人利益；

（三）以合法形式掩盖非法目的；

（四）损害社会公共利益；

（五）违反法律、行政法规的强制性规定。

第五十六条 无效的合同或者被撤销的合同自始没有法律约束力。合同部分无效，不影响其他部分效力的，其他部分仍然有效。

第五十八条 合同无效或者被撤销后，因该合同取得的财产，应当予以返还；不能返还或者没有必要返还的，应当折价补偿。有过错的一方应当赔偿对方因此所受到的损失，双方都有过错的，应当各自承担相应的责任。

典型案例 32

房改房交易中，需要补缴土地出让金，买卖双方对此无约定，应由谁承担？

▶ 法律要点

在二手房交易中，卖方应保证涉案房屋所有权及其土地使用权的完整性，保证房屋具备过户条件。无特别约定的情况下，为满足过户条件而需缴纳的土地出让金应由卖方承担。

▶ 案情介绍

张某先为一医院职工，有一个患有痴呆症残疾的儿子，1998 年赶上单位房改，单位考虑到张某先方便照顾残疾的儿子，就为其在单位宿舍分了一套 71 平方米的二居室房改房。

后儿子大了，张某先想换套大三居室的房子，便打算将该套房改房卖掉。2015 年 3 月 8 日，张某先与黄某国在中介公司的居间下签订了一份《房地产买卖合同》，该合同约定，黄某国以 76.5 万元的价格购买张某先的该套房改房，该价格为卖方实收价格，交易过程中产生的税费均由买方承担。合同还约定，签订合同当天支付定金 6.5 万元，首期款 20 万元于递件成功并取得房地产交易中心收件回执当天支付，尾款 50 万元以银行按揭付款方式支付，任何一方违约，每日按 0.1% 支付违约金，违约超过 15 天的，守约方有权解除合同。合同签订当天，黄某国依约向张某先支付了 6.5 万元定金。后双方也均依约办理了按揭贷款手续。

起先一切都顺风顺水，但在双方办理过户手续时，双方被房地产交易中心告知，涉案房屋需补缴土地出让金才能将房屋过户至买方黄某国名下。可是，究竟该由谁来支付这笔土地出让金呢，买卖双方争执不少，导致合同一直被拖延，无法顺利履行。

买方黄某国认为根据相关规定，缴纳土地出让金一方应为卖方张某先，故起诉至法院要求卖方张某先支付该笔土地出让金并配合黄某国办理房产过户手续。

而卖方张某先则认为，合同中已明确约定案涉房屋成交价为 76.5 万元，此为自己的实得价，相关税费均由买方承担。而按照一般的交易习惯，市场上房改房交易需要补缴土地出让金也都是买方承担的，因此该笔费用应由买方黄某国承担。

▶ 争议焦点

1. 未缴纳土地出让金的房改房买卖是否合法？

2. 房改房交易过程中，在买卖双方没有约定的情况下，缴纳国有土地使用权的土地出让金应由谁承担？

▶ 法院判决

法院经审理后认为，案涉《房地产买卖合同》合法有效，将交易房屋过户给买方系卖方的法定义务，清缴土地出让金为房屋过户的必要前提条件，亦为卖方过户前应结清的债务，并非双方合同约定的交易税费范围。因此，法院最终判决：卖方张某先负责清缴土地出让金，并协助买方黄某国将涉案房屋过户至黄某国名下。

▶ 律师解析

案涉房屋虽存在土地出让金未缴纳的事实，但法律并未禁止此类房改房不能上市交易，而只要求在办理过户交易手续前需要缴清土地出让金。同时，卖方张某先与买方黄某国签订的《房地产买卖合同》系双方当事人的真实意思表示，未违反法律、法规的禁止性规定，合法有效。因此，案涉的《房地产买卖合同》对双方当事人均具有法律约束力，双方均应按该合同的约定履行各自应承担的义务。

对涉案房改房的上市交易，卖方张某先应确保该房改房的所有权符合可转让条件，并能顺利办理过户手续，即卖方应保证涉案房屋所有权的完整性。现双方对办理房屋过户手续过程中产生的土地出让金应由谁缴纳的问题发生争议，致使涉案房地产无法完整交易。

根据《合同法》第六十二条第六款的规定，当事人就有关合同内容约定不明确，依照本法第六十一条的规定仍不能确定的，适用下列规定：（六）履行费用的负担不明确的，由履行义务一方负担。由于转移完整的房屋所有权给买方黄某国是卖方张某先应当承担的合同义务，而在案涉房屋产权未过户前，土地出让金的缴纳主体亦为卖方张某先，因此，在双方签订的《房地产买卖合同》中对土地出让金的负担问题未做明确约定的情况下，理应由卖方张某先负责缴纳涉案房屋的土地出让金。

合同中虽有约定交易过程中产生的税费应由买方承担，但现有证据不能证明在签订《房地产买卖合同》前卖方已告知买方需要补缴土地出让金且买方同意缴纳，该处约定的税费应按通常理解，即交易过程中产生的营业税、印花税、增值税以及手续费等正常税费，而不应包括未缴纳的土地出让金。

综上，案涉交易中涉及的土地出让金应由卖方承担。

▶ 关联法条

《合同法》

第六十二条 当事人就有关合同内容约定不明确，依照本法第六十一条的规定仍不能确定的，适用下列规定：

（一）质量要求不明确的，按照国家标准、行业标准履行；没有国家标准、行业标准的，按照通常标准或者符合合同目的的特定标准履行。

（二）价款或者报酬不明确的，按照订立合同时履行地的市场价格履行；依法应当执行政府定价或者政府指导价的，按照规定履行。

（三）履行地点不明确，给付货币的，在接受货币一方所在地履行；交付不动产的，在不动产所在地履行；其他标的，在履行义务一方所在地履行。

（四）履行期限不明确的，债务人可以随时履行，债权人也可以随时要求履行，但应当给对方必要的准备时间。

（五）履行方式不明确的，按照有利于实现合同目的的方式履行。

（六）履行费用的负担不明确的，由履行义务一方负担。

典型案例 33

城镇居民购买了农村宅基地房，合同有效吗？

▶ 法律要点

农村宅基地房买卖标的物不仅是房屋，还包含了相应的宅基地使用权。享有宅基地使用权的主体是具有特定身份的农村集体经济组织的成员，即本村村民，其转让行为应经本集体经济组织同意。如买方并非房屋所在农村集体经济组织的成员，不具备可买卖宅基地房的特定身份，签署的房屋买卖合同属无效合同。

▶ 案情介绍

何某云名下有一处祖上留下来的老宅基地房屋，该房屋位于广州市城郊的城中村，总共二楼半，149 平方米，四室二厅二卫，靠近地铁口，地理位置优越。何某云持有《宅基地使用证》。何某云年事已高，随儿子在深圳定居，该处老宅一直没人居住。由于长时间空置，早已破旧不堪，因此，何某云便打算将该处老宅基地出售。

林某彬是广东省汕头市人，20 世纪 90 年代即来广州做服装批发生意，现子女成家也想有个地方居住，而市区的商品房价格太高，实在无力购买，便想买个宅基地房，一是价格便宜，二是面积宽敞，住的人多。

通过朋友介绍，林某彬看中了何某云的该处宅基地房。2011 年 9 月 1 日，林某彬和何某云签订了《宅基地买卖合约》，约定何某云将涉案宅基地房出售给林某彬，总价 43.6 万元，定金 3 万元，首期款 30 万元于何某云将涉案宅基地房交付给林某彬使用当天支付。本合同自签署之日起三个月内双方到何某云所在村组织办理见证手续，拿到村组织见证书当天支付尾款 10.6 万元，任何一方违约，需赔偿对方人民币 10 万元。

签订合同当天，林某彬即支付了 3 万元定金，何某云也于三日后将涉案宅基地房屋的钥匙及《宅基地使用证》均交给林某彬，林某彬也依约支付了首期款 30 万元。

2011 年 9 月 26 日，林某彬与何某云双双来到村里要求村组织对双方签订的《宅基地买卖合约》进行见证，但村里干部告诉林某彬与何某云，由于林某彬非本村村民，为外地户籍，村里不可能为双方的宅基地买卖进行见证，并且告知双方，该合约因违反国家政策可能无效。

林某彬遂要求解除双方签订的《宅基地买卖合约》，并要求何某云返还定金及首期款共 33 万元，同时还要求何某云赔偿违约金 10 万元。何某云却认为，宅基地是自己祖辈传下来的，而且还有宅基地证，房子也是自己盖的，凭什么林某彬要求解除合同，因此，何某云亦提起反诉，要求林某彬返还涉案房屋的《宅基地使用证》，将涉案房屋腾空后交还给何某云，并赔偿违约金 10 万元。

▶ 争议焦点

1. 何某云与林某彬于 2011 年 9 月 1 日签订的《宅基地买卖合约》是否有效？

2. 若该《宅基地买卖合约》无效，双方的损失应由何方承担？

▶ 法院判决

法院经审理后认为，双方签订的《宅基地买卖合约》因违反国家政策无效，而在签订该合约过程中，双方均有过错，因此，最终判决林某彬与何某云于 2011 年 9 月 1 日签订的《宅基地买卖合约》无效；林某彬搬出涉案房屋，将该房屋腾空后交还给何某云；何某云向林某彬返还购房款 33 万元。驳回了双方的其他诉讼请求。

▶ 律师解析

1. 关于《宅基地买卖合约》效力问题。

《物权法》第一百五十三条规定："宅基地使用权的取得、行使和转让，适用土地管理法等法律和国家有关规定"。《土地管理法》第八条第二款规定宅基地"属于农民集体所有"、第六十二条第三款规定"农村村民住宅用地，经乡（镇）人民政府审核，由县级人民政府批准"。国务院办公厅于 1999 年 5 月 6 日发布的《关于加强土地转让管理严禁炒卖土地的通知》第二条第三款规定："农村的住宅不得向城市居民出售。”2004 年《国务院关于深化改革严格土地管理的决定》中规定：“禁止城镇居民在农村购置宅基地。”由此可见，享有宅基地使用权的主体是具有特定身份的农村集体经济组织的成员即本村村民，其转让行为应经本集体经济组织同意。

本案中，何某云、林某彬签订《宅基地买卖合约》的买卖标的物不仅是房屋，还包含了相应的宅基地使用权。而林某彬并非案涉房屋所在村的村民，不具备可买卖涉案房屋的特定身份，且该买卖未经县级人民政府的批准，故何某云、林某彬签订的《宅基地买卖合约》属无效合同。

2. 关于《宅基地买卖合约》无效，双方的损失承担问题。

根据《合同法》第五十八条之规定，合同无效的，因该合同取得的财产，应当予以返还。有过错的一方应赔偿对方因此受到的损失，双方都有过错的，应当各自承担相应的责任。

何某云、林某彬作为具有完全民事行为能力人，均应当知道法律、法规和政策禁止将宅基地出售给非本村村民和城市居民，但双方仍对宅基地使用权进行转让，因此双方均有过错。根据宅基地使用权证的记载内容，何某云作为宅基地使用权人明知宅基地不能转让但仍出售该宅基地上房屋，其过错远大于林某彬。

对于林某彬反诉要求支付购房款利息的问题，基于上述分析可知，何某云虽然对于合同无效存在过错，且为主要过错责任，但林某彬在房屋买卖过程中同样存在过错，而且，林某彬也已实际使用了涉案的房屋，因此法院对何某云要求林某彬承担违约责任以及林某彬要求支付购房款利息均不予支持符合兼顾过错责任与公平合理原则。

▶ 关联法条

1.《物权法》

第一百五十三条 宅基地使用权的取得、行使和转让，适用土地管理法等法律和国家有关规定。

2.《土地管理法》

第八条 城市市区的土地属于国家所有。

农村和城市郊区的土地，除由法律规定属于国家所有的以外，属于农民集体所有；宅基地和自留地、自留山，属于农民集体所有。

第六十二条 农村村民一户只能拥有一处宅基地，其宅基地的面积不得超过省、自治区、直辖市规定的标准。

农村村民建住宅，应当符合乡（镇）土地利用总体规划，并尽量使用原有的宅基地和村内空闲地。

农村村民住宅用地，经乡（镇）人民政府审核，由县级人民政府批准；其中，涉及占用农用地的，依照本法第四十四条的规定办理审批手续。

农村村民出卖、出租住房后，再申请宅基地的，不予批准。

3.《合同法》

第五十二条 有下列情形之一的，合同无效：

（一）一方以欺诈、胁迫的手段订立合同，损害国家利益；

（二）恶意串通，损害国家、集体或者第三人利益；

（三）以合法形式掩盖非法目的；

（四）损害社会公共利益；

（五）违反法律、行政法规的强制性规定。

第五十八条　合同无效或者被撤销后，因该合同取得的财产，应当予以返还；不能返还或者没有必要返还的，应当折价补偿。有过错的一方应当赔偿对方因此所受到的损失，双方都有过错的，应当各自承担相应的责任。

第六篇

06

居间服务合同纠纷典型案例

典型案例 34

房产中介公司促成买卖双方签订《房屋买卖合同》并约定向买卖双方收佣，后因买方拒绝购买房屋导致交易不成，卖方还需要向中介公司支付佣金吗？

▶ 法律要点

居间合同是居间人向委托人报告订立合同的机会或者提供订立合同的媒介服务、委托人支付报酬的合同。房产中介公司促成买卖双方签订房屋买卖合同，已经履行了自身的居间义务，合同居间的行为已经完成，在没有特别约定的情况下并不会因买卖一方的违约行为而影响中介公司按合同向任何一方收取佣金。

▶ 案情介绍

2016 年 11 月 15 日，在经纪方广州某家地产代理有限公司（下称中介公司）的居间下，卖方丁某与买方李某签订《房屋买卖合同》，约定买方李某向卖方丁某购买位于白云区恒骏街的一处房屋，购买价格为 267 万元，定金 10 万元，于签订合同当天支付。且合同约定：基于买卖双方独家委托经纪方买卖该物业，且经纪方已经促成买卖双方签订本合同，买卖双方同意，卖方于本合同签订之日向经纪方支付人民币 1 万元作为咨询及中介服务费，买方于本合同签订之日向经纪方支付人民币 2.67 万元作为咨询及中介服务费，买方或卖方逾期支付咨询及中介服务费的，每逾期一天，按应付费用的 1% 向经纪方支付违约金，如买方或卖方违约，导致交易不能进行或交易取消的，则违约方须赔偿另一方已支付的咨询及中介费用。同时合同约定买卖双方确认，经纪方与买方或卖方签订的任何协议，以及经纪方向买方或卖方做出的任何声明和承诺，必须由经纪方书面确认并加盖经纪方的公章方可生效。

合同签订当天，买方以银行卡余额不够为由提出第二天再支付购房定金。第二天，经纪方致电买方，要求其按约支付购房定金给卖方，但这时买方却表明自己不想再继续购买此房，所以定金也不会再支付给卖方。至此房屋买卖交易无法继续进行下去。后中介公司向买卖双方追讨中介费，买卖双方均拒绝。

中介公司遂起诉卖方，要求其支付应由其承担的中介费 1 万元以及每天按照 0.1% 的标准支付自 2016 年 11 月 16 日起至实际支付佣金之日止的违约金。

庭审中卖方丁某抗辩认为房屋买卖合同并未实际履行，自己也没有收到过任何购房资金，更没有享受到中介公司后期的服务，所以自己无须承担中介费，即使承担也应当减少；另外，房屋买卖合同未实际履行的原因也完全不在于自己而是由于买方原因造成的，自己在房屋买卖合同的履行过程中并无任何过错，中介公司即使追讨中介费也应该向作为违约方的买方进行追偿，无权向自己收取中介费；而且在后期与中介方员工微信沟通的过程中，中介方员工也明确表明自己无须再支付中介费，中介公司会追究违约方的责任。

而中介公司认为自己已经促成买卖双方签订了《房屋买卖合同》，为他们提供了订立合同的媒介服务，现在合同履行不了也并非由于自己的原因造成，按照约定自己有权向卖方追讨中介费。中介公司员工确实与卖方沟通过中介费的事情，也确实表示要向违约方追讨中介费，但是未明确表示过卖方无须再支付，也没有表示放弃追讨该中介费。

▶ 争议焦点

买方违约导致房屋买卖合同不能继续履行，卖方以此为由拒绝支付中介费的，中介公司是否有权要求卖方支付中介费以及违约金？

▶ 法院判决

经审理，法院认为，中介公司已促成买卖双方签订《房屋买卖合同》，已完成居间义务，因此，判决卖方丁某向中介公司支付咨询及中介费 1 万元以及每天按照 0.1% 的标准支付自 2016 年 11 月 16 日起至实际支付佣金之日止的违约金。

▶ 律师解析

居间合同是居间人向委托人报告订立合同的机会或提供订立合同的媒介服务、委托人支付报酬的合同。

中介公司与卖方丁某、买方李某签订的《房屋买卖合同》是各方当事人的真实意思表示，属合法有效，各方均应恪守履行。该《房屋买卖合同》不仅包含了卖方丁某、买方李某之间的房屋买卖关系，同时，也包含了中介公司分别与卖方丁某、买方李某之间的居间合同关系。

现，中介公司最终促成买卖双方签订《房屋买卖合同》，已经履行了自身的居间义务，居间合同目的已经成就，根据《合同法》第四百二十六条的规定，中介公司促成合同成立后，卖方应按合同约定于 2016 年 11 月 15 日支付报酬。卖方逾期支付居间服务费的情况属实，中介公司要求卖方支付咨询及中介费 1 万元以及自次日起支付违约金合法有据，而中介公司主张按每日 0.1% 的标准计付违约金已经在合同约定的 1% 的标准上进行了减少，是对自己权益的处置，相对合理，理应得到支持。

至于卖方丁某主张房屋买卖合同并未实际履行，中介公司也未提供后续的服务，自己无须支付中介费的抗辩并不能得到支持，因为按照法律规定以及合同约定，中介公司在促成买卖双方签订合同时，收取中介费的条件已经成就，不管房屋买卖合同是否履行，只要不是基于中介方的原因造成合同履行不能，其就有权向卖方收取中介费。

而卖方主张自己在房屋买卖合同履行过程中并非违约方，中介公司无权向其追取中介费而应该向买方进行追讨，这一观点也不能得到支持，因为合同中并未明确约定是由违约方来承担买卖双方的中介费，只是约定如买方或卖方违约，导致交易不能进行或交易取消的，则违约方须赔偿另一方已支付的咨询及中介费用。所以，卖方在支付相应的中介费后可以自己遭受的损失为由再向作为违约方的买方进行追讨，但这不能成为自己拒绝支付中介公司中介费的抗辩理由。

最后关于卖方丁某主张中介公司承诺其无须再支付中介费的问题，由于双方并未就此达成相关协议，卖方丁某提交的证据也不足以证实中介公司明确放弃向其追讨佣金，所以对此项抗辩，法院最终也没有采纳。

实践中，作为买卖双方的当事人对中介公司收取中介费的认知上存在一些误区，认为中介公司只是促成合同签订并未跟进后续服务事项或是房屋买卖合同签订后根本就没有履行，自己无须支付中介费。这一情况主要还是看双方的合同约定，如果合同中约定中介公司在促成合同成立时就有权收取中介费，则买卖双方的此项抗辩因不符合合同约定，抗辩理由并不能得到支持，甚至还会面临再行支付违约金的风险。如果合同约定中介公司需要提供后期服务，在收齐全款或是房屋过户时等其他情形下再收取中介费，则买卖双方的抗辩理由能得到支持进而可以以此为由拒绝支付中介费。另外存在的误区还包括本案中卖方认为的自己并非是违约方，中介公司没有权利收取中介费，这也主要是看双方的合同约定，如果合同当中没有明确进行约定的情况下，中介公司是可以按照合同约定向买卖双方各自追付中介费的，买卖一方的违约事由并不能成为拒绝支付中介费的抗辩理由。

▶ 关联法条

《合同法》

第四百二十四条 居间合同是居间人向委托人报告订立合同的机会或者提供订立合同的媒介服务，委托人支付报酬的合同。

第四百二十六条 居间人促成合同成立的，委托人应当按照约定支付报酬。对居间人的报酬没有约定或者约定不明确，依照本法第六十一条的规定仍不能确定的，根据居间人的劳务合理确定。因居间人提供订立合同的媒介服务而促成合同成立的，由该合同的当事人平均负担居间人的报酬。

居间人促成合同成立的，居间活动的费用，由居间人负担。

第四百二十七条 居间人未促成合同成立的，不得要求支付报酬，但可以要求委托人支付从事居间活动支出的必要费用。

典型案例 35

房屋买卖过程中，房产中介公司变相吃差价，卖方能否讨回差价部分？

▶ 法律要点

作为专业从事房地产经纪服务的中介机构，应当恪守职业道德，秉承诚实信用原则，尽到如实披露交易相关信息的义务，不得收取任何未予标明的费用，不得进行价格欺诈，中介公司变相吃差价的行为因违反相关行业准则以及法律规定，差价部分理应返还。

▶ 案情介绍

2017 年 1 月 1 日，卖方施某与买方陶某经广州市某才房地产代理有限公司（下称某才中介公司）居间签订《房屋买卖合同》，其中约定买卖双方经中介方提供独家的中介服务，就买卖位于广州市白云区京溪路某处物业达成一致协议，签订本合同；该物业以现状按套出售给买方，成交价格为 320 万元；基于中介方已提供中介服务并促成买卖双方签订本合同，协助买卖双方建立房屋买卖法律关系，买卖双方同意于本合同签订之日向中介方支付中介服务费（中介服务费见附件，包括但不限于房地产咨询费及房屋买卖代理费等），买方或卖方逾期支付中介服务费的，从逾期之日起，按日向中介方支付应付费用 1% 的违约金等。该合同尾部注明签约日期为 2017 年 1 月 1 日，签约地为某才中介公司某分行。

2017 年 1 月 2 日，卖方施某向某才中介公司出具《中介服务费确认书》，写明本人施某现确认贵司提供了中介服务，成功促成与买方陶某签订关于广州市白云区京溪路某物业的买卖合同。为此，本人同意支付 21.5 万元予贵司作为中介服务费……本确认书自本人签署之日起生效。同日，卖方施某通过银行转账的方式向中介公司员工周某转账 15 万元。2017 年 1 月 4 日，买方陶某亦向某才中介公司支付中介代理费 9 万元。

过户后，卖方向法院提起诉讼，要求撤销《中介服务费确认书》，并要求中介公司退还已收的 15 万元。卖方施某认为，某才中介公司在房屋买卖居间服务过程中存在欺诈行为，诱骗自己签署《中介服务费确认书》，并主张虽然房屋买卖合同中约定房屋的交易价格是 320 万元，但某才中介公司在促使自己签订合同时，谎称其中的 20 万元是买家请他们公司承包的房屋税金、中介费、差旅费等（有中介公司人员提供的相应字据为证），由买家先行支付给自己，然后自己再转给某才中介公司，而自己由于年岁较长且身体多病，出于对中介人员周某的信任就签署了《房屋买卖合同》，并在收到买家20万元的款项后就通过银行转账的方式将其中的15万元转给了某才中介公司的员工周某。至于其与某才中介公司签署的《中介服务费确认书》，自己根本就不知情，完全是在中介人员周某的欺骗下才签署的。当时，中介人员周某谎称这是公司要求买方陶某支付的中介费，让自己进行确认在上面签一下字，自己也就签署了。但事后才得知，根本不存在买方让某才中介公司承包交易税费、中介费等事情，且经与买家沟通得知，买家的税费全部是买家自行支付的，买家还向中介公司支付了9万元的中介费，根本不存在中介公司所说的支付给他们承包费的事情。

施某得知这一情况后就找某才中介公司讨要说法，但这时某才中介公司的员工周某又说房屋的交易价格虽然约定为320万元，但其中300万元是卖方实收，另外20万元其实是赔偿给上一个买家的损失，因在此之前中介公司有为施某找到一个买家且买家交付了诚意金，是由于施某不能按时签署的原因才导致交易不成，所以要补偿给上一个买家（有录音为证）。但施某主张自己对这一情况完全不知情，某才中介公司也从来没有告诉过自己已有买家想购买的事实。关于20万元的用途某才中介公司前后说法不一，完全是编造谎言欺骗自己，自己与某才中介公司多次沟通，中介公司均不予承认欺骗行为，无奈自己提起诉讼，要求撤销自己在2017年1月2日签署的《中介服务费确认书》，并要求某才中介公司返还15万元。

庭审中某才中介公司辩称，卖方施某签订合同是其真实意思表示，合同上有买方与卖方的签名，签订合同之后卖方也没有申请解除合同，现房屋已经过户，证明卖方是愿意与买家履行合同的，某才中介公司没有欺诈，也没有通过威逼利诱其签署合同，《中介服务费确认书》经卖方施某签字确认，表明卖方施某是同意支付相应的中介费给公司的，且事后卖方施某也支付了 15 万元给公司，施某以实际行动认可了这个中介费用的承担。房屋价格为 320 万元，其中的 20 万元是买方陶某用以承包房屋税费、中介费等的款项，公司已经垫付，但最终是由卖方施某来承担。而卖方施某支付的 15 万元是其同意支付给我们中介费的一部分，不属于房款部分。

▶ 争议焦点

1. 某才中介公司在房屋买卖居间服务过程中是否存在欺诈行为？

2. 卖方施某已支付的 15 万元的性质究竟是什么？

3. 卖方施某要求撤销其出具的《中介服务确认书》，并要求返还该 15 万元是否有法律依据？

▶ 法院判决

经审理，法院认为，卖方施某通过某才中介公司提供的中介服务与买方签订《房屋买卖合同》，并向某才中介公司出具《中介服务确认书》，故在某才中介公司、卖方施某之间形成居间合同关系。某才中介公司作为专业中介机构从事房地产经纪服务，应当恪守职业道德，秉承诚实信用原则，尽到如实披露交易相关信息的义务，不得收取任何未予标明的费用，不得进行价格欺诈。某才中介公司对于买方陶某向卖方施某支付的 20 万元款项性质前后说法不一，试图隐瞒房屋的真实交易价格，并在向买方收取中介费的情况下又向卖方施某收取高额中介费，且又无证据证明已向卖方施某如实披露该高额中介费的收费标准，故法院认定某才中介公司通过欺骗手段，骗取施某签署《中介服务确认书》，因此，法院判决，撤销《中介服务确认书》并判令某才中介公司返还 15 万元给卖方施某。

▶ 律师解析

1. 关于涉案房屋的交易价格问题，房屋买卖合同中约定交易价格为 320 万元。但某才中介公司认为涉案房屋的成交价实际是 300 万元，另外 20 万元则作为他用，而至于 20 万元的用途，某才中介公司一开始说是买方承包给自己的应付税费以及差旅费等，后来又说是用来弥补前一客户的损失，前后说法并不一致，且也没有证据证明自己的主张，所以房屋的交易价格应以合同约定的 320 万元为准，某才中介公司主张房屋成交价为 300 万元，其余 20 万元要作为他用的说法并没有事实依据，因此，不能得到支持。

2. 关于卖方施某支付某才中介公司 15 万元款项的性质，因为施某是在签署《中介服务费确认书》当天支付了这笔款项，因此该款项既可能属于中介费，也可能属于卖方施某所说的是返还给中介公司的买家承包费用。但《中介服务费确认书》中并未明确卖方施某应付中介服务费的时间，而且某才中介公司也从未向卖方施某主张过中介费用以及剩余的中介费用，所以卖方施某当天转账 15 万元给中介公司的行为并不必然就能认为是支付给中介公司的中介费用。而对于卖方施某主张的该费用是应某才中介公司要求返还的买方承包费用，因有中介人员的相应字据为证，应予以采信这一说法。另一方面《中介服务费确认书》约定的中介费用为 21.5 万元，虽然

2014 年国家发展和改革委员会明确房地产咨询服务收费不再实行政府指导价而实行市场调节价，但走向市场调节的房地产咨询服务收费亦应遵循市场规律。目前的房屋交易市场中，房地产咨询服务费的收费标准一般不超过成交价的 3%，尤其是随着房地产市场的火热，房屋成交价较高的情况下，由于房屋成交总价较高，房屋市场的房地产咨询服务费往往低于成交价的 3%，但某才中介公司向卖方施某以及买方陶某收取的中介费用竟高达 30 多万元，接近合同成交总价的 10%。在此情况下，非有特别说明或有其他特殊原因，某才中介公司收取如此高的中介费用显然与当前的市场一般交易规律相违背。所以该 15 万元应属于卖方施某在某才中介公司员工的诱导下支付的房屋“差价”，故而对于卖方施某因遭受欺骗而签署的《中介服务费确认书》也应予以撤销，某才中介公司理应返还相应的 15 万元给卖方。

实际上，该案一审判决后，某才中介公司提起上诉，上诉中承认 20 万元是高出房屋售价 300 万元的部分，高出的部分作为自己的中介费，另外按照一个正常的市场价再行向卖方收取 1.5 万元的中介费，所以中介费加在一起一共是 21.5 万元。但此种隐瞒真实的房屋交易价格变相吃差价的行为已经违背了作为一个专业房产中介公司应有的诚实信用的执业操守，也得不到二审法院的支持，遂二审法院驳回了某才中介公司的上诉请求，维持原判。

从这则案例中可以看出，房产中介公司在向买卖双方提供居间服务时，收取相应费用应明码标价，不得隐瞒真实的交易情况，吃差价的行为不仅违背诚实信用的行业准则，更违反了相关法律规定，将会面临相关行政处罚并承担相应民事责任。

▶ 关联法条

1.《中华人民共和国民法总则》

第七条 民事主体从事民事活动，应当遵循诚信原则，秉持诚实，恪守承诺。

2.《合同法》

第五十四条 下列合同，当事人一方有权请求人民法院或者仲裁机构变更或者撤销：

（一）因重大误解订立的；

（二）在订立合同时显失公平的。

一方以欺诈、胁迫的手段或者乘人之危，使对方在违背真实意思的情况下订立的合同，受损害方有权请求人民法院或者仲裁机构变更或者撤销。

当事人请求变更的，人民法院或者仲裁机构不得撤销。

第五十六条 无效的合同或者被撤销的合同自始没有法律约束力。合同部分无效，不影响其他部分效力的，其他部分仍然有效。

第四百二十五条 居间人应当就有关订立合同的事项向委托人如实报告。

居间人故意隐瞒与订立合同有关的重要事实或者提供虚假情况，损害委托人利益的，不得要求支付报酬并应当承担损害赔偿责任。

典型案例 36

房产中介公司与卖方签署《限时独家委托代理合同》，后中介公司为卖方找到合适买方，但卖方以交易条件未谈妥为由拒绝签署《房屋买卖合同》，其行为是否构成违约？

▶ 法律要点

如《限时独家委托代理合同》对于房屋买卖交易的条款未详尽约定，导致买卖双方在商谈并签订《房屋买卖合同》时发生争议，且双方就这些争议最终未达成一致意见，从而导致合同未能签署的，卖方不构成违约。若《限时独家委托代理合同》对房屋买卖交易条款做了详尽约定，并足以指引和约束买卖双方的情况下，卖方拒绝出售的行为构成违约，应承担违约责任。

▶ 案情介绍

2016 年 10 月 20 日，广州某诚房地产代理有限公司（下称某诚中介公司）与卖方殷某签署《限时独家委托代理合同》，约定卖方殷某将其位于广州市天河区中山大道的一处物业委托某诚中介公司独家限时销售，代理期限为 2016 年 10 月 21 日至 2016 年 11 月 20 日；代理销售条件是售价为 190 万元，买卖双方因交易产生的税费及其他政府缴纳的费用由买方支付，物业交付日期为买卖双方协商；限时独家代理的含义为在本合同约定时间内将该物业售出，同时某诚中介公司支付 2000 元保证金给卖方殷某。若某诚中介公司在约定时间内将物业售出，卖方殷某应向其支付本合同约定的佣金，并在签署《房屋买卖合同》当天返还保证金。若某诚中介公司在约定时间内未将物业售出，则以该保证金对卖方殷某承担全部责任，卖方殷某有权没收该保证金。同时合同约定如果卖方殷某违反以下任一条款，必须退还保证金并支付某诚中介公司相当于房屋委托售价 5% 的违约金：卖方殷某不得以任何理由提高约定的价格或推脱交易……卖方殷某承诺在代理期限内，某诚中介公司取得买方对卖方出售该物业上述条件的购买承诺后，即视为送达卖方殷某，合同即告成立，卖方殷某应按约办理与本次物业出售的有关各项手续和程序等。合同签订后，某诚中介公司向卖方殷某支付 2000 元保证金。

2016 年 11 月 11 日，某诚中介公司为卖方殷某找到买方郑某，郑某同意以 190 万元的价格购买上述物业，并承诺房屋所有交易税费由自己承担，付款方式为按揭，在 2016 年 11 月 20 日前签署《房屋买卖合同》，同时郑某支付购房诚意金 3000 元给某诚中介公司。2016 年 11 月 16 日，某诚中介公司向卖方殷某发出《催促函》，表明公司已为卖方找到买方，同意以 190 万元的价格购买房屋，催促其在 2016 年 11 月 18 日前到公司签署《房屋买卖合同》并收取买方支付的诚意金 3000 元。

2016 年 11 月 21 日，卖方殷某书面发函给某诚中介公司，主张因某诚中介公司未在限时独家代理期内为自己找到合适买方，现委托期限已过，要求解除与其签署的《限时独家委托代理合同》。

某诚中介公司认为卖方殷某因为当时的房价上涨，不想继续出售房屋，在自己为其找到买方的情形下还擅自解除委托合同，刻意寻找借口拒绝出售房屋的行为已经违反了合同约定，遂向法院起诉卖方殷某，要求其返还保证金 2000 元并承担等同于房屋委托售价 5% 的违约金。

而卖方殷某则认为自己在 2016 年 11 月 15 日已经去某诚中介公司处与买方见面商谈房屋买卖事宜，但双方在交楼时间以及给付首期楼款等事关交易的根本问题上并未达成一致，故没有签署成功《房屋买卖合同》，而某诚中介公司在限时委托代理期限内也没有促成双方签订《房屋买卖合同》，存在重大过错，自己有权解除委托合同。

▶ 争议焦点

在某诚中介公司为卖方殷某找到买方的情况下，卖方殷某以交易条件约定不清且无法达成一致为由单方解除《限时独家委托代理合同》的行为是否构成违约?

▶ 法院判决

经审理，法院认为，买卖双方未能签订房屋买卖合同的原因，并不是某诚中介公司没有积极寻找合适的买方，也不是卖方殷某不愿意或拖延交易，其根本原因是《限时独家委托代理合同》对代理销售条件的约定过于简单，无法对买卖双方形成足够的指引和约束，而事后各方亦未能积极协商妥善解决争议，双方对合同的重要条款未尽审慎约定义务，导致产生争议，而对争议双方又未能积极促成解决，故在合同签订及履行过程中，双方均有一定的过错，责任不可完全归责于某一方。因此，法院判决驳回某诚中介公司要求卖方返还保证金以及支付违约金的诉讼请求。

▶ 律师解析

首先，某诚中介公司与卖方殷某签订的《限时独家委托代理合同》是否有效的问题。

该《限时独家委托代理合同》是卖方殷某与某诚中介公司在自愿的前提下签署的，是双方的真实意思表示，未违反法律、行政法规的强制性规定，依法有效，双方应当严格遵守。

其次，卖方殷某拒绝签署《房屋买卖合同》是否违约的问题。

某诚中介公司主张已经按照合同约定为卖方找到符合条件的买方，但卖方不与买方签订买卖合同，构成违约；而卖方认为买卖双方在付款条件上以及交楼条件上并未达成一致，故未签订买卖合同，某诚中介公司并未为自己找到合适买方，系某诚中介公司违约。那究竟是哪方违约了？

从双方签订的《限时独家委托代理合同》可以看出合同仅就房屋买卖的总价款、税费及相关费用的支付这两项约定了明确条件，而对付款方式、期限、办理交易过户手续的时间与程序、房屋交付时间、违约责任等其他足以影响合同是否成立以及交易是否成功的重要条件，均没有进行明确约定，因这些条款为房屋买卖交易的必不可少的条款，若不能达成一致的情况下，将直接导致合同无法继续履行。所以，虽然某诚中介公司找到的买方愿意以 190 万元的总楼价以及支付买卖双方税费的条件承购该物业，但由于买卖双方因付款方式及交楼时间等问题存在争议，而某诚中介公司也未能促成买卖双方就上述问题达成一致意见，最终导致双方未能签订买卖合同。

再者，《限时独家委托代理合同》系某诚中介公司提供的合同版本，该版本存在明显的缺陷——对房屋条件约定的过于简单，无法对买卖双方的交易进行明确指引，从而引起买卖双方的严重分歧，某诚中介公司本身就存在明显过错。

因此，某诚中介公司主张卖方殷某无故拒绝出售房屋的行为构成违约并不能得到支持。

而实践中，很多房产中介公司会采取限时独家委托代理的方式来出售房屋，一方面可以享有独家房源，减少竞争对手，另一方面也力争在最短的时间内将房屋出售出去，争取利益最大化。中介公司的这一做法并不违反相关的交易规则，在卖方自愿的情况下，房产中介公司与其签署的独家代理合同也是产生法律效力的，对双方都具有约束力。本案中是由于独家代理合同中的相应条款约定不够全面，对买卖双方没有形成有效指引导致中介公司的诉讼请求才没有得到支持，但这并不能表明在中介公司为卖方找到合适买方之后，卖家拒绝出售的行为都不构成违约，具体问题还是要具体分析，如果限时独家委托代理合同中约定的条款足够详细，足以指引买卖双方签订《房屋买卖合同》，而中介公司其后也确实付出了大量人力、物力为卖方找到合适的买方，卖方拒绝出售的行为是违反合同约定，构成违约的，应承担相应的违约责任，而违约责任不仅包括中介公司的实际损失，比如付出的人力、物力损失，还包括因卖方的违约行为导致交易不成而造成中介公司的预期利益损失，比如中介公司可以收取的买卖双方的中介费损失。所以，不管是《独家委托代理合同》还是《限时独家委托代理合同》或是中介公司提供的其他合同范本，都应该对房屋买卖交易的相关条件进行详尽约定，避免出现因约定不明而产生争议的情况。

▶ 关联法条

《合同法》

第一百零七条 当事人一方不履行合同义务或者履行合同义务不符合约定的，应当承担继续履行、采取补救措施或者赔偿损失等违约责任。

第一百一十三条 当事人一方不履行合同义务或者履行合同义务不符合约定，给对方造成损失的，损失赔偿额应当相当于因违约所造成的损失，包括合同履行后可以获得的利益，但不得超过违反合同一方订立合同时预见到或者应当预见到的因违反合同可能造成的损失。

第三百九十六条 委托合同是委托人和受托人约定，由受托人处理委托人事务的合同。

第四百零五条 受托人完成委托事务的，委托人应当向其支付报酬。因不可归责于受托人的事由，委托合同解除或者委托事务不能完成的，委托人应当向受托人支付相应的报酬。当事人另有约定的，按照其约定。

第四百一十条 委托人或者受托人可以随时解除委托合同。因解除合同给对方造成损失的，除不可归责于该当事人的事由以外，应当赔偿损失。

本书作者　肖海军

中国广州仲裁委员会仲裁员

广东广岭律师事务所主任、资深律师

广州市律师行业协会第八届房地产专业委员会委员

畅销书《房地产中介常见法律问题有问必答》作者

广州市房地产中介行业协会特聘常年法律顾问

广州市房地产中介行业协会特聘讲师

擅长领域

1. 房地产中介法律培训

2. 建筑工程合同纠纷诉讼

3. 房屋和土地收购、并购法律服务

4. 房地产买卖（居间）合同纠纷诉讼

主讲课程

1.《地产中介公司经营管理法律风控总裁班》

2.《扫雷——地产中介门店销售与管理避险指南》

3.《追佣——律师教你如何签好合同收齐佣》

4.《门店卫士——二手房交易全程法律指引》

5.《绝不跑佣——绝不让佣金流失》

6.《法律护航　居间无忧》

广东广岭律师事务所介绍

广东广岭律师事务所是一家以房屋买卖合同纠纷、居间合同纠纷、建筑工程施工合同纠纷为主要诉讼业务，以房地产法律培训、房产非诉业务为辅的专业型精品律所，该所尤其擅长解决房屋买卖交易过程中出现的各类法律问题。

广东广岭律师事务所自成立以来，专注于房地产法律服务，其律师团队团结稳定。该律师团队代理建筑工程施工合同纠纷案件数十起，代理二手房买卖纠纷及居间合同纠纷案件数百起，为广大客户提供过数千次房地产法律咨询。

广东广岭律师事务所秉承专一、专注、专业的服务理念，竭诚服务于广大房地产中介公司。近年来，累计担任过 300 余家房地产中介公司的常年法律顾问，顾问单位不仅有广州、东莞、佛山、中山、珠海、惠州等省内的地产中介公司，更遍及四川、江西、黑龙江、湖北、广西以及天津、河北等全国各地。

广东广岭律师事务所虽然年轻，但朝气蓬勃，该所坚持走一条集法律咨询、培训、诉讼、非诉于一体的房地产专业型律师事务所之路，努力打造广州乃至全国范围内最专业的房地产法律服务律师事务所。

广东广岭律师事务所地址：广州市越秀区寺右新马路 113 号五羊新城广场 618-622 室

联系电话：020-37684419